CLIZIA POLATO

TRADUTTORE IMPRENDITORE

Percorso Pratico In 3 Passi Per Differenziarti, Acquisire Clienti Diretti e Diventare Imprenditore Di Te Stesso

Titolo

"TRADUTTORE IMPRENDITORE"

Autore

Clizia Polato

Editore

Bruno Editore

Sito internet

http://www.brunoeditore.it

Sommario

Dedicato alla mia famiglia, ad Alessandro e Luca

Prefazione

di Girolamo Portacci

Sono stato particolarmente felice di scrivere la prefazione del libro di Clizia, ho subito pensato che questo progetto fosse un'ottima idea, uno strumento particolarmente valido per aiutare chi, come lei, svolge questa professione da molti anni e sente il bisogno (ma soprattutto la volontà) di raggiungere un livello superiore, sia dal punto di vista professionale che personale; uno strumento importante per chi, come dice Clizia, non vuole più rischiare di «restare schiacciato dal sistema».

Non dico nulla di nuovo quando affermo che il mondo del lavoro, oggi, si muove e modifica a ritmi impressionanti, rapidi forse come mai prima, e veri e propri stravolgimenti trasformano spesso, anche drasticamente, le abitudini e le certezze lavorative di tantissime persone. Ed ecco che entrano in gioco, in tutta la loro fondamentale importanza, libri e progetti simili a questo; libri e progetti che ci ricordano quanto importante sia la capacità di aggiornarsi, di rimanere al passo con i tempi, di continuare a fare formazione e, più di ogni altra cosa, di re-inventarsi e differenziarsi man mano che il mondo del lavoro cambia, e noi vogliamo rimanere non semplicemente "a galla", ma al timone della nostra barca!

Occupandomi da moltissimi anni proprio di Crescita e Successo Personale e Professionale, non ho potuto insomma fare a meno di pensare che "Traduttore Imprenditore" sia il genere di libro che in qualche modo colma, nel suo settore di riferimento, un piccolo vuoto e fornisce finalmente strumenti e strategie molto pratiche e concrete per permettere ai suoi lettori di mettere in pratica le sue ambiziose intenzioni.

Questo libro ci insegna che si può guardare a questa bellissima e affascinante professione da un altro punto di vista: quello del traduttore che si fa imprenditore di se stesso e che in questo modo si riappropria di una professione (e professionalità) che troppo spesso rischia di essere in qualche modo svilita da sistemi in cui l'ago della bilancia tende a pendere a suo sfavore.

È un libro ricco di strumenti, tecniche ed esempi, che faranno sì che tutto questo possa diventare davvero possibile per ognuno di voi.

È un viaggio alla scoperta di se stessi, del proprio valore, delle proprie capacità e, soprattutto, del proprio futuro.

Ora non mi resta che augurarvi una buona lettura - sono certo che queste pagine vi saranno d'aiuto nella vostra vita sia professionale che personale e io auguro a ognuno di voi di riuscire a realizzare tutto ciò che desidera.

Girolamo Portacci
Fondatore di una delle più grandi società di formazione in Italia, ha formato fino a oggi più di 40.000 persone, passando da promotore della Master University di Tony Robbins a produttore e organizzatore degli eventi dei più grandi leader della formazione nel mondo, tra i quali T. Harv Eker, Robert Kiyosaki ed Eric Worre.

Introduzione

Ti piacerebbe individuare le tue attitudini innate e riscoprirti imprenditore come professionista della traduzione? Se stai leggendo queste parole, significa che in qualche modo credi che insieme ci si possa arrivare. La mia più grande gioia è poter ripagare la tua fiducia dicendoti che non dovrai perdere anni della tua vita, del tuo tempo per studiare come muoverti oggi per farlo.

Io l'ho fatto, conosco la strada e – se me lo permetti – ti ci voglio portare. Voglio portarti al punto in cui se arriva l'ennesimo sconto della concorrenza, l'ennesima offerta, tu non dovrai temere, perché il cliente non acquista altri che Te.

E ti ci porto attraverso un percorso molto chiaro, lineare, pratico ed efficace che ho denominato il *Metodo a* "$\perp$" (a "T rovesciata"), ovvero la sintesi di ciò che un traduttore è chiamato a essere oggi. Armati subito di carta e penna, sarà un libro molto pratico da cui uscirai già al termine di ogni capitolo con un cambiamento percepito e tangibile.

8

La base della " _⊥_ " poggia sulle tue solide competenze, ciò che devi avere per posizionarti come professionista della _T_ raduzione. Segue la tua centratura: scopriremo assieme in che punto ti trovi, comprenderai le tue attitudini mettendoti in contatto con il tuo io più profondo, sarai in grado di distinguere e determinare il tuo valore unico.

Ti aiuterò ponendoti le domande che servono, in collaborazione con "menti illuminate". Inizia subito, ad esempio, col pensare per cosa si complimentano con te, cosa sai fare bene, cosa riesci a fare che attira l'attenzione delle persone, per che cosa si stupiscono, comincia a scriverlo; se non ti viene ora ci arriveremo assieme, ti farò altre domande a cui dovrai rispondere d'istinto e che faranno parlare il tuo io più profondo.

È per me una grande soddisfazione poterti dare oggi l'opportunità di metterti in gioco, facendoti raggiungere la consapevolezza delle tue attitudini e delle tue paure. E ti dico già: fissa bene le tue paure perché sono quelle che ti aiuteranno a preparare il tuo percorso. Sfidati a vivere i benefici dell'errore! Nell'errore c'è esperienza, crescita, cambiamento. Il successo è la strada di chi ha fallito e non si è mai arreso!

Quando la tua centratura sarà completata e comprenderai qual è il tuo motivo, il tuo perché, il tuo valore unico, a quel punto sarai ragione di attrazione e andremo a verticalizzare sul come scoccare la tua freccia: direzione → clienti diretti.

Affronteremo l'uso efficace di LinkedIn per noi traduttori, ti dirò le mie risorse e i miei risultati, testimonial d'eccezione ci accompagneranno in questo percorso e non mancheranno spunti per differenziarti, come alcune tips di copywriting, i punti chiave del public speaking e l'uso strategico della voce (con alcune curiosità connesse, come gli alimenti da evitare prima di una performance vocale), tutto questo per rafforzare la tua unicità in chi ti recepisce.

Ultimo passo, andremo a capire come diventare imprenditore di te stesso, con le testimonianze di alcuni illustri colleghi ma non solo, imprenditori e persone di spicco nel mondo del digitale.

Sarà bello sentire le loro voci, se vorrai, ascoltando le versioni integrali dei loro contributi dai link che troverai nei vari capitoli, e sarà una sfida affrontare la prospettiva del prossimo futuro dalle parole di chi ha approfondito la linguistica computazionale, chi segue lo stato dell'essere della tecnologia neurolinguistica nell'industria della traduzione o, ancora, chi è testimone d'eccezione degli ultimi sviluppi della tecnologia e di ciò che ci attende.

Se sei un traduttore come me, sai bene cosa vuol dire occuparsi di gestire progetti e problemi (interni ed esterni), deadlines, contabilità, senza contare le ore, week-end inclusi; e magari, se hai un bimbo piccolo – come nel mio caso – l'impegno e l'esigenza di organizzazione raddoppiano.

Ecco che probabilmente anche per te si è imposta l'esigenza di un pratico "how-to" dei giorni nostri per la nostra categoria, per rimanere aggiornati, per non restare schiacciati dal sistema, per trovare come differenziarti; soprattutto, ho fortemente voluto creare qualcosa di poco teorico, stanca come sono di leggere tante parole che rimangono vuote come i cari vecchi libretti di istruzioni, brevetti o saggi che magari come me hai tradotto tante volte.

Ho selezionato per te i contenuti migliori e più efficaci per ognuna delle aree coinvolte in questo mio libro, dopo quasi vent'anni nel settore delle traduzioni e allo stato attuale del mio percorso mi piace pensarmi come sperimentatrice e divulgatrice di quanto ho potuto apprendere. Ho cercato il modo per condividere al meglio delle mie possibilità qualcosa di utile nel concreto, che riporti tutti i passi da fare, senza perdite di tempo, da collega a collega, da chi per questi problemi ci è già passata e ha già trovato un modo di risolverli.

Mi auguro che questo libro sia proprio la risposta che cercavi e che possa esserti di ispirazione per creare il tuo business. E… sì, ha un senso anche per chi ama tanto la sensazione di "stare dietro le quinte", perché vale sempre la pena conoscersi di più, analizzarsi obiettivamente. Annota i tuoi pensieri e le tue aspirazioni giorno per giorno. Se vuoi cambiare e diventare ciò che dovresti essere, scopri ciò che realmente sei, non quello che immagini di essere! Sei pronta?! Cominciamo!

P.S. Poiché apprezzo molto le persone che agiscono e tu hai scelto di investire in questo libro, desidero ringraziarti con qualcosa di *molto* speciale: ti ho riservato un posto nel mio Translator's Club, che nasce in occasione dell'uscita di questo libro e che intende unire tutte quelle persone che come te avranno il desiderio di confrontarsi su questi temi; un luogo in cui potrai fare rete, creare sinergie e dove, se vorrai, potrai farmi qualunque domanda, chiedere la mia consulenza diretta o trovare opportunità di lavoro!

P.P.S. Se sei un ometto e ti stai chiedendo se il percorso è valido anche per te e se puoi unirti al Club, come sai per questioni di statistica parlerò al femminile, ma i contenuti e le strategie sono decisamente unisex, dunque la risposta è sì se – come credo – sei già avvezzo a gruppi prevalentemente femminili.

Capitolo 1:
Come scoprire il tuo valore unico

1.1 Scopri in che punto ti trovi

> *Whoever enters the way without a guide*
>
> *will take one hundred years to travel a two day journey.*
>
> Rumi

Che tu sia all'inizio della tua carriera professionale o che tu sia un traduttore esperto, facciamo assieme un passo oltre il pilastro delle solide competenze e dell'importanza della specializzazione che, come detto, devono stare alla base della nostra "⊥".

Ciò di cui mi sono resa sempre più conto nel tempo è che troppo spesso non abbiamo una chiara percezione di noi stessi, o meglio crediamo, siamo convinti di averla. Ma ti chiedo: ti sei mai fermata a fare un'analisi profonda del motivo che ti guida? Delle tue reali attitudini? Di ciò che è meglio per il tuo io più profondo? Sei certa che ciò a cui ti stai dedicando risponda realmente alle tue propensioni innate?

14

Beh, io l'ho fatto, l'ho dovuto fare qualche tempo fa. Sono ripartita da me, dopo che mi è stato imposto di abbandonare il ruolo a me tanto caro di traduttrice e interprete *in-house,* con annessa gestione dei relativi incarichi per diverse realtà aziendali che era ormai parte del mio quotidiano da oltre quindici anni.

A casa avevo un bimbo di poco più di un anno e mi sono sentita persa, senza certezze, svuotata, anche della mia stessa professionalità, che tanto era stata apprezzata dalle aziende negli anni, tanto sembrava in quel momento così inutile per il mondo. Ho scoperto in quel momento che come me tante donne, a prescindere dal grado di istruzione, dal livello di carriera, dall'aspetto fisico o dal conto in banca, si sentono per qualche verso "non abbastanza", ed era esattamente così che mi sentivo: per quanto capace, la mia mente era offuscata, convinta di non esserlo abbastanza.

Dovevo risollevarmi da quella condizione, l'avevo promesso a me stessa anni prima, alla scomparsa di mio fratello, quando dopo un periodo cupo dovevo rinascere. Ed è stato durante un corso, alla "rottura della freccia" (che ancora oggi è appesa al mio muro) che ho promesso a me stessa che non avrei sprecato altri attimi di vita nel buio, che avrei vissuto ogni momento che mi veniva donato con la gioia per quello che facevo negli occhi e nel cuore. D'un tratto mi ritrovavo ancora lì, accasciata… Dovevo fare qualcosa, dovevo alzarmi, per me stessa, per il mio bimbo – che cercava in me "il porto sicuro", la serenità, la sua "casa" – per la mia famiglia e per chi da me poteva trarre un qualsiasi beneficio…

E come si dice, "per la legge dell'attrazione", l'universo ha risposto al messaggio che ho lanciato e mi ha fatto capitare sotto gli occhi l'opportunità che stavo cercando per il "salto" che sentivo di dover fare in quel momento. L'ho scelto, l'ho voluto, ho attraversato il percorso che mi ha portato fin qui, ed è la cosa più bella che ci sia poterlo condividere con te e vedersi realizzare ciò che per me sono stati i risultati di questo viaggio, certa che anche tu potrai trarne giovamento.

Comincia ora, in questo preciso momento, a lavorare su te stessa utilizzando la penna e il blocco che ti ho chiesto di preparare.

Cerca di ricordare: cosa ti piaceva fare prima dei vent'anni o quando eri bambina? Quali attività ti assorbivano per ore e ti facevano dimenticare tutto il resto?

Le ricerche di Markus Buckingham ci suggeriscono che i tratti più profondi della nostra personalità, le passioni e gli interessi rimangono pressoché stabili dall'infanzia in poi. Spesso, come adulti non riusciamo a perseguire i nostri interessi di fondo e rischiamo di vivere una vita senza reale soddisfazione.

Grazie a Luigi Centenaro, che ha curato l'edizione italiana di *Business Model You*, ci è oggi possibile identificare le nostre attitudini. Ecco i tratti salienti di quel testo che possono aiutarti: scegli fra le attività che ti scrivo qui sotto quelle che hai eseguito nella tua vita o quelle verso le quali provi una naturale affinità. Riportale sul tuo blocco, non dimenticando di mantenerle sotto il rispettivo gruppo di appartenenza.

- Gruppo 1: acquistare, calcolare, tenere la contabilità, dirigere uffici, elaborare dati, fare inventari, manovrare macchinari, programmare computer, registrare/trascrivere, seguire corsi di business, svolgere ispezioni, svolgere lavori di segreteria.

- Gruppo 2: concettualizzare, creare layout o pubblicazioni, produrre linee, progettare edifici o arredi, pubblicizzare, redigere, scattare fotografie, sceneggiare, scrivere/pubblicare, seguire corsi artistici, suonare/danzare, svolgere lavori creativi.

- Gruppo 3: analizzare, condurre ricerche autonome, diagnosticare, investigare, leggere pubblicazioni tecniche o scientifiche, partecipare a concorsi scientifici, risolvere problemi tecnici o scientifici, scrivere articoli tecnici, seguire corsi scientifici, studiare materie specialistiche, sviluppare domande, svolgere lavori di laboratorio.

- Gruppo 4: assemblare, costruire strutture, eseguire riparazioni elettriche/meccaniche, guidare veicoli, lavorare all'aperto, pianificare, prendersi cura di animali, riparare oggetti, seguire corsi di orientamento professionale, navigare o sorvolare, usare strumenti diagnostici, usare attrezzi pesanti.

- Gruppo 5: appartenere a club, conoscere nuovi amici, coordinare, fare volontariato, insegnare, formare, intervistare, ospitare, partecipare/organizzare eventi, partecipare a funzioni religiose, prendersi cura di bambini o anziani, prestare consulenza, solidarizzare.

- Gruppo 6: avviare azioni, discutere, gestire attività in proprio, guidare persone, negoziare, parlare in pubblico, partecipare a campagne politiche, persuadere/influenzare, promuovere, seguire corsi di management, supervisionare/dirigere altri, vendere.

Ora conta quante attività hai totalizzato per ciascun gruppo e considera quello in cui hai ottenuto il numero maggiore: secondo lo psicologo statunitense John Holland questa rappresenta la tendenza dominante della tua personalità.

- Gruppo 1 = Convenzionale [abilità impiegatizie/contabili; tende a evitare occupazioni o situazioni ambigue, autonome e non strutturate]

- Gruppo 2 = Artistica [abilità artistiche/linguistiche/musicali; tende a evitare attività strutturate od occupazioni convenzionali]

- Gruppo 3 = Esplorativa [abilità scientifiche/matematiche; tende a evitare attività richieste da occupazioni o situazioni imprenditoriali]

- Gruppo 4 = Realistica [abilità meccaniche/atletiche; tende a

19

evitare attività richieste da occupazioni o situazioni sociali]

- Gruppo 5 = Sociale [abilità interpersonali/educative: tende a evitare attività richieste da occupazioni o situazioni realistiche]

- Gruppo 6 = Imprenditoriale [abilità di leadership/persuasione; tende a evitare occupazioni o situazioni di tipo investigativo/esplorativo]

In ogni individuo vi è un mix di più tendenze per cui niente paura se (come è avvenuto per me con "imprenditoriale" e "sociale") alcune tendenze differiscono fra loro di poco. E di nuovo niente paura se scopri che hai una tendenza convenzionale. È un ottimo punto di partenza conoscersi per ciò che si è realmente, perché ti permetterà di impostare il piano più efficace per raggiungere anche nella professione il tuo reale benessere interiore.

Sembra un paradosso, ma nessuno può realizzare appieno se stesso senza essersi anzitutto accettato senza riserve. Non aver paura di farti domande e darti risposte oneste. Non darsi risposte oneste o non ammettere con se stessi le proprie attitudini innate significa negarsi la possibilità di convertire quel passaggio profondo in felicità, nel tuo motivo, nel tuo perché.

Il mio l'ho trovato in questo, nell'offrire agli altri quanto ho potuto sperimentare e nell'ammettere finalmente con me stessa che era vero tutto ciò che hanno sempre visto in me e sperimentato con me. Aiutare chi incontro a cambiare in percezioni e in risultati la loro vita è una sensazione meravigliosa e desidero poterlo fare anche con te.

Troviamo il tuo perché, chiediti questo: cosa puoi dare tu alle persone? In che modo puoi cambiare la vita delle persone, anche nelle piccole cose? Per cosa si complimentano con te? Cosa sai fare bene? Cosa riesci a fare che attira l'attenzione delle persone? Per che cosa si stupiscono? Cosa rimane alle persone dopo aver avuto un'occasione di incontro o collaborazione con te?

Durante questa tua analisi fai dei test, parla anche con chi è al di fuori del tuo target standard, potresti scoprire che ci sono segmenti differenti interessanti, che non avevi considerato. Chiedi loro: com'è lavorare con me? Che parole usano le persone per descriverti? Che esperienze di vita uniche hai avuto? Che cosa ti "accende"? Quali sono le attività che ti risultano naturalmente semplici o che rappresentano una piacevole sfida per te? La tua personalità e autenticità ti aiuteranno a interagire in maniera unica con le persone che incontri e a differenziarti.

Come vedremo fra poco, il tuo brand rispecchia l'esperienza che hanno avuto le persone con te e ciò che ricordano di te quando lasci la stanza. Ognuno di noi è importante e ha qualcosa in particolare per cui essere ricordato. A volte è anche solo una piccola cosa, ma che può fare la differenza. A volte è l'esperienza o un'abilità in particolare. È proprio nel tipo di strada che hai fatto che risiede la forza professionale che puoi dimostrare. Per me è stato così e ne parleremo nel prossimo capitolo.

Ora prendiamo in esame le aree della tua vita. Lo sapevi che per realizzarti davvero è necessario che sfera personale e sfera lavorativa siano in armonia? Questo perché sono due facce della stessa medaglia che si influenzano a vicenda. Quando mi trovavo nella mia fase più buia non riuscivo a vedere la luce, né a essere positiva nemmeno negli altri ambiti. La consapevolezza è il primo passo che devi fare per assumere il controllo della situazione e guidare gli eventi verso la realizzazione che desideri.

Smettiamo di sentirci vittime di ciò che ci circonda, delle circostanze, del mercato, di come ci trattano le agenzie, iniziamo a pensare a quanti clienti desideriamo trovare e a fissare degli obiettivi da raggiungere, soprattutto se, come me, hai scoperto di avere un profilo imprenditoriale.

Per caso hai scoperto di avere tanti aspetti che ti interessano e vuoi fare cose diverse? Potresti avere la sensazione che ci sia qualcosa di sbagliato in te: non c'è niente di sbagliato, sei una multipotenziale, ce lo confermano gli studi di Emilie Wapnick. Qualsiasi sia la tendenza che hai riscontrato, il nostro lavoro riguarda la comunicazione, ovvero un essere umano che parla con un altro tramite un testo. Pensa a quanto farebbe la differenza mostrarsi tollerante, grata alla vita, rispettosa e flessibile. Ti assicuro che "dall'altra parte" sono doti molto apprezzate!

Non si tratta di "regolare" soltanto alcuni settori della nostra vita, si tratta di un atteggiamento generale nei confronti di ciò che ci accade quotidianamente e delle impressioni che, con il nostro atteggiamento, forniamo a clienti e colleghi.
Armonizzare le varie aree della nostra vita può apparire un'utopia se pensiamo allo stress lavorativo, alla famiglia, ai figli – per chi

23

come me ne ha – e a tutta la grande organizzazione che questo implica. Ma chi più di noi traduttori può capire che dai nostri pensieri (che sono fatti di parole) arriviamo a proiettarci verso un esito o un altro e che possiamo dirigerli magistralmente, come solo noi maghi della parola possiamo fare?

Ora ti chiedo di tornare sul tuo blocco per disegnare tre cerchi concentrici: quello esterno molto grande, quello di mezzo un po' più ridotto, quello interno ancora più piccolo, disegnali uno dentro l'altro ma con il punto centrale in comune. Suddividili in otto spicchi, come faresti con una torta. Attribuisci a ogni spicchio un'area della tua vita che consideri importante in questo momento. Penso ad esempio a: fisico/salute, carriera, famiglia, vita sociale, finanze, beneficienza, crescita personale/apprendimento, spiritualità, svago/sport.

In una scala da uno a dieci quanto sei soddisfatta per ciascuna area che hai individuato? Annerisci la frazione corrispondente dello spicchio che si trova nel cerchio concentrico più interno dei tre e procedi allo stesso modo con le frazioni corrispondenti che avrai determinato per ciascuna area. Ti risulteranno delle fettine di torta disomogenee. Ripeti questo esercizio su un altro foglio facendo riferimento a cinque anni fa e nota le differenze fra i due. Ti senti soddisfatta della situazione attuale rispetto a cinque anni fa? Senti che potresti migliorare qualche area? Torna al cerchio di oggi, scegli un'area su cui desideri focalizzarti e spostati nel cerchio concentrico di mezzo. Rispetto all'area che hai scelto, scrivi due o tre cose che potresti desiderare, grossi cambiamenti, non specifici.

Questi cambiamenti potrebbero portare quell'area a raggiungere dieci decimi? Come ti fa sentire l'aver raggiunto e scritto dieci decimi? Come saprai di aver raggiunto i dieci decimi? Che emozione sarebbe per te? Cosa diresti a te stessa? Come ti sentiresti? Come potresti agire per fare in modo che accada? Cos'altro potresti fare se avessi ciò che ti è necessario (tempo, risorse)? Scrivi in un altro foglio dieci "potrei fare". Queste sono le cose che realmente desideri fare.

Adesso scrivi nel cerchio concentrico più esterno tre delle dieci azioni che desideri fare. Ora hai identificato il tuo presente! Ovvero le aree prioritarie dove ti trovi in questo momento, hai descritto i tuoi dieci decimi, ne hai scelto uno come obiettivo, lo hai riconosciuto e descritto e sei riuscita a suddividere ciò che ti sembrava impossibile in passi possibili. Ecco come puoi

25

padroneggiare e arrivare ad armonizzare le aree della tua vita. Fissando dei piccoli passi possibili e stabilendoli come tuo obiettivo. Questo è ormai il mio modus operandi quotidiano da anni e sono certa che se lo adotterai ne trarrai beneficio anche tu. Ho scoperto a mie spese che se non sei tu a progettare e a pilotare la tua vita, è probabile che tu finisca nel progetto di qualcun altro, che per te avrà previsto... non molto!

Rifletti, valuta la direzione in cui sta andando la tua vita e pensa a come vuoi conciliare le tue aspirazioni personali e di carriera.
Che strumenti hai per realizzare te stessa se il mondo non conosce la tua identità professionale? Penso spesso a quando ho dovuto riprendermi in mano completamente e a quanto tempo rubato ad altro, notti insonni e sforzi – che sembravano infiniti – ho dovuto dedicare alla migliore versione di me stessa a cui aspiravo, e scontrandomi con chi ogni giorno si butta in rete ho compreso che il mondo di oggi ha bisogno di progetti realizzati e di persone che siano portavoce dei loro progetti.

Quello che ti posso suggerire è di non aver paura di essere ciò per cui hai fatto enormi sacrifici. La strada c'è ed è quella in cui tu diventi la vera te stessa e ne fai il tuo brand. Basa il tuo business su di te. Ecco come trasformare il tuo nome e il tuo cognome nell'unico prodotto che non dovrà temere la concorrenza, che nessuno potrà mai rubarti, l'unico prodotto che nessuno potrà mai copiarti, perché sei *T*u.

1.2 Fai di te stesso un brand

Mi aiuta a parlartene Silvia Bresciani (https://www.linkedin.com/in/silvia-bresciani-b29643109), consulente di management e formatrice.

Anche Silvia sostiene che il tuo sorriso è il tuo logo, la tua personalità e la tua cultura sono il tuo valore, il tuo biglietto da visita, come si sentono gli altri dopo un'esperienza con te diventa il tuo marchio di fabbrica, il più potente strumento di marketing virale: te stessa.

È necessario innovarsi in un mondo che cambia, sviluppare la capacità di adattarsi ai continui cambiamenti.

Diventa fondamentale alimentare l'attitudine a immaginare sistematicamente il futuro della propria figura professionale, essere pronti alla trasformazione, con coerenza, seguendo una mappa personale che ci guida nella costante innovazione della propria professione partendo da noi stessi, da chi siamo, per essere sempre coerenti con la nostra identità.

Ti pongo subito alcuni quesiti di autovalutazione: come immagini il futuro della tua professione tra uno-due anni? Come difenderai o creerai il tuo vantaggio competitivo? Come sai che funzionerà?

Desidero sottoporti un percorso di sollecitazione che ti aiuterà a riorganizzare e innovare il tuo modello di business per renderlo più attrattivo, distintivo, durevole, partendo da te stessa, la vera risorsa chiave! Abbiamo una grande opportunità: investire in noi stessi, nella nostra professione, nella capacità di metterci in ascolto del nostro individuo consumatore, fare di noi stessi un brand, carico di personalità, valori, cultura da condividere, per far crescere, evolvere e progredire la nostra professione.

Quando si pensa a una persona come a un brand, si parla di attività di "personal branding", e una delle molteplici definizioni di tale attività è la strategia con la quale definiamo accuratamente e coerentemente:

- Chi siamo
- Cosa facciamo
- Per chi lo facciamo
- Come lo facciamo

- Perché lo facciamo.

Questo sarà il tuo manifesto personale, la guida che ti aiuterà a progettare il "mondo" da offrire ai tuoi clienti, l'identità con la quale vuoi creare rispecchiamento negli altri, fatta di autenticità in quanto costruita intorno alla tua reale personalità, cultura, valori, energie, passioni e talenti.

Fare chiarezza, sul chi sei, sul valore che offri, su come lo offri e perché lo fai, ti consentirà di comunicarlo al meglio, facendoti conoscere probabilmente come non hai mai fatto, cogliendo così nuove opportunità di mercato.

Prendi carta e penna e comincia a disegnare la tua "personal brand map".
Utilizza parole, schizzi, disegni, post-it per rappresentare le tue idee. Il pensiero visuale ti aiuterà a rendere le tue idee esplicite.

- Personalità
- Presenza
- Cultura e valore
- Esperienza e relazione

- Reputazione

Personalità

La personalità è la ragione per cui un brand esiste! Personalità che diventa identità: valori condivisibili, emozionanti, trasmissibili in un rapporto sempre più "human to human".

Metti ciò che sei in ciò che fai, solo così riuscirai a connetterti a livello umano con i tuoi potenziali clienti, sviluppando un DNA di autenticità, quale elemento chiave di una vera differenziazione.

Autovalutazione della personalità

Elenca cinque tratti della tua personalità che ti descrivono concretamente nella tua vita e nella tua professione.

Quale valore principale ti attribuisci?

Scrivi in un minuto chi sei, riassumendo tratti della personalità e valori come se dovessi dichiararli in un'intervista non programmata.

E poi chiediti: perché i clienti dovrebbero scegliere me?

Presenza

Non basta avere una forte personalità per fare del nostro nome un brand, è necessario renderla visibile e concreta ai nostri potenziali clienti, ovunque essi siano.

Essere presenti significa essere visibili, e oggi la visibilità è una garanzia primaria di presenza.

Essere presenti significa impegnarsi costantemente nel trasmettere con coerenza la tua personalità per creare rispecchiamento nei tuoi potenziali clienti, generare attrazione.

Per vendere i nostri servizi oggi è necessario passare definitivamente da una logica "push" (spinta) a una "pull" (attrazione) e per farlo dobbiamo impegnarci a far sapere al mondo che esistiamo, con precisi valori da condividere e soluzioni da offrire, differenziandoci anche e soprattutto nelle personali modalità comunicative.

Autovalutazione della presenza

La prima immagine del tuo brand sei tu! Quanto curi la tua immagine?

Quali strumenti utilizzi per veicolare la tua presenza nel tuo mercato? (Sito web, blog, social media, editoria…)

Dove dialogano i tuoi potenziali clienti?

Quanta coerenza c'è tra la personalità che vuoi far percepire e quella con cui ti presenti oggi?

Cultura e valore

La tua cultura è il tuo valore!

Qualità, coerenza, autorevolezza e autenticità sono la base essenziale per la costruzione di qualsiasi proposta di valore per il tuo pubblico.

Oggi però il consumatore è fortemente cambiato, non acquista più solo prodotti o servizi, ma emozioni, stati d'animo da essi generate.

Forse ti starai chiedendo: ma come può un traduttore innovare i propri servizi generando emozioni? E quali?

È possibile innovare prodotti e servizi creando combinazioni di valore che agiscono in maniera più olistica, precisamente su quattro distinte sfere:

- Sfera funzionale
- Sfera emozionale
- Sfera motivazionale
- Sfera sociale

Un'idonea combinazione potrebbe garantirti differenziazione, fedeltà e maggiori ricavi, perché?

Esistono elementi universali di valore sui quali operare per innovare il tuo "prodotto-servizio", ne cito alcuni:

- Qualità
- Semplificazione
- Connettività
- Riduzione del rischio
- Riduzione dei costi
- Risparmio di tempo
- Riduzione dell'ansia
- Ispirazione
- Inclusione
- Motivazione

Quali di questi valori potresti associare ai tuoi prodotti-servizi?

Quando comunichi il tuo servizio veicoli questi valori?

Crea e innova costantemente le tue proposte di valore senza dimenticare mai che la misura del valore resta sempre nella percezione di chi li deve acquistare, li ha acquistati, li deve acquistare nuovamente.

Autovalutazione della cultura-valore

Cosa sai fare veramente bene? (Competenze specialistiche)

Quali elementi di valore offri oggi nei tuoi servizi?

Quali potresti integrare pensando a un approccio più olistico e non solo funzionale?

Quali bisogni, problemi, desideri risolvi ai tuoi clienti?

Esperienza e relazione

Se vuoi comportarti come un brand devi sapere che il sapiente e attento coinvolgimento dei vari target che entrano in contatto con te determinerà il successo o l'insuccesso del tuo personal branding. Ogni momento d'interazione, opportunità di contatto uniche che il tuo cliente ti dona è il vero "momento della verità" all'interno del quale far vivere non un semplice consumo, ma un'esperienza d'acquisto, ricca di emozioni positive che diventano ricordo, presupposto essenziale per nuovi acquisti.

Per far vivere al nostro cliente una vera esperienza d'acquisto è necessario conoscerlo profondamente, è necessario sviluppare una nuova cultura del cliente che ci porti a esplorare in maniera profonda ciò che i nostri clienti o decision maker cercano di ottenere nel loro lavoro e nella loro vita, quali difficoltà incontrano, quali vantaggi cercano; e chiediti se le tue proposte di valore incrociano il profilo del cliente.

Solo così potrà scaturire una vendita!

Autovalutazione di esperienza e relazione

Conosci profondamente i tuoi clienti?

Qual è il target per il tuo "prodotto-servizio"?

Quali caratteristiche ha il tuo cliente target?

Quali sono le esigenze e i problemi comuni ai tuoi clienti in questo momento?

A quali di queste esigenze il tuo servizio fornisce soluzioni?

Quali canali di relazione utilizzi? Che risultati ottieni?

Reputazione

Una questione di "ricordo emozionale", ciò che lasci dietro di te ogni giorno, in ogni azione che fai, è la risposta alla tua capacità di mantenere la promessa iniziale sia in termini qualitativi, sia quantitativi che emozionali.

La nostra reputation e di conseguenza la nostra credibilità dipendono da quanto coerentemente riusciremo a veicolare personalità e competenza nella nostra professione, facendoci scegliere e prediligere rispetto agli altri e stabilendo la qualità del lavoro futuro.

Autovalutazione della reputazione

Come misuri il grado di soddisfazione dei tuoi clienti?

Come controlli e difendi la tua reputazione?

Costruiamo ogni giorno la nostra unicità e lasciamo agli altri la loro normalità. Differenziamoci ogni giorno nelle cose che facciamo e per la cura che dedichiamo loro, solo così saremo autentici rappresentanti del nostro valore.

1.3 Osa perdere per vincere

È possibile celebrare il fallimento in un mondo che ci vuole persone di successo? Francesca Corrado (https://www.linkedin.com/in/francescacorrado), ideatrice della Scuola di Fallimento, crede di sì, e ci aiuta a capire che non solo è possibile ma che è necessario. Il perché lo scoprirai attraverso quattro lezioni che possiamo apprendere dagli errori e dai fallimenti nostri e altrui. A te di seguito il suo contributo.

"Cosa significa errore? Cosa si intende con la parola fallimento?

Il termine *fallimento* va oltre la mera definizione giuridica per assumere un significato simbolico che investe la persona e la sua identità. Il fallimento, nell'uso comune, è associato al mancato perseguimento di un sogno, a un insuccesso clamoroso, a una disfatta senza vie d'uscita che genera frustrazione, malessere e infelicità. Il fallimento è vissuto come un marchio indelebile, uno stigma sociale invalidante che mina l'autostima e mette in discussione desideri e capacità.

Qual è la tua definizione?

Prova a dare una tua definizione della parola errore *e della parola* fallimento. *Li pensi come sinonimi? E, se vuoi, poni la stessa domanda ad amici e colleghi.*

La mia definizione di fallimento è la seguente: il fallimento è il punto finale di una serie di errori, spesso sistematici e ricorrenti. L'errore, invece, è una deviazione da un percorso e da una regola, spesso non nostra, spesso imposta.

Sarebbe bello poter leggere un giorno sui dizionari una diversa definizione di fallimento come percorso alternativo per cogliere

37

una nuova opportunità, perché il fallimento è lì per insegnarci qualcosa su di noi e il mondo, e per metterci nella condizione di affrontare con maggiore slancio e consapevolezza ogni nuova avventura.

Lezione 1: la vita è complessa e l'errore è un fatto assolutamente naturale.

Pensa alla tua vita. Che forma le daresti? È simile a un quadrato o a un cerchio, è una spirale o una linea?

La maggioranza delle persone vive la propria vita come una sequenza di scelte razionali. La vita è nascere, andare a scuola, laurearsi, trovarsi un lavoro, sposarsi, avere figli, fare carriera, andare in pensione, morire. In questo contesto l'errore è un incidente di percorso. Una catastrofe! Un brutto voto, un licenziamento, la fine di una relazione sono tutte deviazioni vissute come errori rispetto a un percorso che avevamo immaginato lineare e piatto.

Ma la vita non è lineare. La vita è complessa e ha un andamento caotico. E in un sistema complesso l'errore è parte integrante del sistema. La vita è un alternarsi di salite e discese, cadute e risalite, accelerate e frenate. E in questa vita fatta di alti e bassi l'errore non è un evento straordinario, ma un elemento naturale e necessario di qualsiasi percorso. Se viviamo il fallimento come un vicolo cieco è naturale provare frustrazione, ansia, paura e immobilismo. Se invece impariamo ad accettare l'errore come un elemento naturale di una vita complessa e come viaggio di scoperta di sé, dei propri limiti e dei propri talenti, allora daremo il giusto peso al fallimento.

Ripensa alla tua vita, scrivi i tuoi successi e i tuoi fallimenti.
Come vedi oggi quegli errori? Chiameresti ancora insuccesso quell'evento della tua vita che ti ha generato frustrazione e ansia per tanto tempo?

Il tempo aiuta a far maturare gli eventi. E lasciando che il tempo faccia il suo corso potremmo scoprire che quello che avevamo etichettato come fallimento oggi rappresenta la cosa migliore che ci potesse accadere. L'errore è un fatto assolutamente naturale, anzi è necessario perché è l'unico modo che abbiamo per imparare.

Lezione 2: il campione è un superloser.

L'errore plasma il nostro cervello, modifica la struttura dei neuroni creando nuove connessioni. Il nostro cervello, sostengono i neuroscienziati, apprende attraverso prove ed errori.

Se ripensiamo alla nostra infanzia, questa affermazione ci sembra assolutamente sensata. Impariamo a parlare, a camminare, ad andare in bicicletta, a nuotare cadendo e commettendo errori.

Perché l'errore è la maniera propriamente umana per apprendere. Finché a un certo punto della vita – e la soglia si sta abbassando sempre di più – i genitori, gli insegnanti, la società iniziano a pretendere perfezione e successo, e a far assumere alla nostra vita una forma lineare innaturale. E al primo errore compare una bella X rossa! Imperfezione e sbavature non sono ammesse.

E quella X in qualche modo segna, nella nostra testa, un blocco che è difficile da superare, soprattutto per chi ha una forma mentis statica che vede nell'errore una prova della propria incapacità e una conferma dell'impossibilità di migliorare le proprie abilità. Il fallimento può infatti distorcere la percezione delle nostre capacità reali, facendoci sentire meno all'altezza del compito.

Per questa ragione c'è una grande paura di commettere errori e di fallire, e al contempo c'è un profondo senso di frustrazione legato alla difficoltà di raggiungere gli obiettivi di crescita professionale che ci eravamo prefissati.

Questa difficoltà mina la nostra immagine e la nostra autostima, alimentando la paura di fallire. La paura di fallire o di sentirsi ancora rifiutati può generare, a sua volta, immobilismo.

Alcuni si sentiranno falliti come esseri umani, tenderanno a svalutarsi o a colpevolizzarsi; altri saranno più propensi a imputare la causa degli errori non a se stessi ma alle circostanze o a terzi, deresponsabilizzandosi.

La cosa importante è reagire di fronte agli errori non bloccandosi né punendoli, ma accogliendoli e premiandoli.

Se siete persone che tendono a rimuginare sugli errori commessi, al primo errore gratificatevi!

Come vivi un tuo fallimento?
Come percepisci gli errori altrui?

Chi trascorre l'infanzia, l'adolescenza, l'università senza conoscere o affrontare in modo costruttivo errori e fallimenti farà più fatica ad alzarsi.

Agli studenti bravi, diligenti e regolari che entrano nel mercato del lavoro senza aver mai incontrato alcuna difficoltà mancherà la capacità di reagire e di superare le delusioni. E invece l'errore è fonte di saggezza!

Bisogna essere preparati ad affrontare le situazioni che possono mettere in discussione le nostre granitiche certezze, perché spesso chiamiamo errori gli esperimenti che ci aiutano a capire chi siamo, cosa vogliamo davvero e quale tipo di lavoro è più coerente con le nostre aspettative e competenze.

Ci troviamo in un momento storico nel quale è necessario avere piani alternativi, coltivando "side-projects" nel caso in cui il piano A dovesse fallire.

Nel mio caso il piano A era la docenza, il piano B l'impresa di consulenza, falliti entrambi mi sono ancorata al piano Z, il mio passatempo, il gioco.

Oggi il gioco è diventato il mio lavoro, il piano A, ma in questo ho messo a frutto tutte le competenze ed esperienze maturate nei miei vecchi piani A e B. Per cui insegno e faccio consulenza grazie al piano Z. E sono più soddisfatta di prima!

Emilie Wapnick ha definito la capacità di appassionarsi ad ambiti diversi come "multipotenziale", da non confondersi con il multitasking.
Il multipotenziale ha un bagaglio conoscitivo e di esperienze molto vario e sfaccettato, ed è in grado di mixare esperienze e conoscenze portandoli in altri ambiti e settori, così da rivoluzionare il nuovo campo in cui decide di agire.

Tra i multipotenziali più conosciuti Wapnick cita Leonardo da Vinci, Cartesio, Isaac Newton, Aristotele, ma anche Oprah Winfrey e Steve Jobs. Dalle biografie di questi personaggi, come dalle biografie di campioni sportivi, imprenditori, scienziati, artisti emerge un elemento comune: nessuno è immune dall'insuccesso.
Non bisognerebbe mai usare mai il verbo *essere* accanto alla parola fallimento: si dice "ho fallito" non "sono fallito", perché il fallimento deve rimanere relegato a un ambito specifico della nostra vita e non investire la nostra intera identità.

Lezione 3: non avere paura di scegliere e ragionare fuori dagli schemi.

Il fallimento e l'errore sono strettamente connessi alla scelta.

Scegliere ci fa paura perché dobbiamo fare la scelta giusta.

Ma chi può dirci che ciò che scegliamo oggi sia giusto per il nostro domani? Se scegliamo di non scegliere offriamo ad altri la possibilità di farlo al posto nostro. Affidiamo questa decisione al destino o a qualche persona (genitore, compagno, amico, capo) che scriverà, autorizzato da noi, il copione della nostra vita. Scegliendo di non scegliere ci priviamo della possibilità di diventare ciò che vorremmo essere e di fare ciò che ci piace e ci entusiasma.

Ci sono altre due possibilità.

Scegliere di scegliere tra le possibilità che abbiamo a nostra disposizione, senza paura delle conseguenze.

Oppure scegliere di inventarci una possibilità non immaginata da altri, assumendoci un rischio.

Gli imprenditori, gli innovatori, i campioni non scelgono tra le opzioni possibili ma creano ciò che gli altri non vedono ancora.

Tu cosa hai deciso di scegliere?

Conosci questo proverbio cinese? "La paura bussò. La fiducia andò ad aprire. Fuori non c'era nessuno."

Lezione 4: imparare dagli errori propri e altrui.

Una ricerca del 2008 svolta presso l'Università di Harvard ha messo in evidenza che un imprenditore che avvia per la prima volta un'attività imprenditoriale ha il 18% di probabilità di successo, chi ha già fallito ne ha il 20%, chi ha avuto successo ne ha il 30%.

Il quarto insegnamento è quindi quello di imparare dai propri errori ma anche dagli errori altrui. Chiedere a chi ha fallito com'è riuscito a uscirne, raccontare agli altri i propri errori e fallimenti è un esercizio utile.

Quali sono i tuoi più frequenti errori e in quali situazioni fisiche ed emotive si verificano?
Quali errori dipendono da te e quali da persone o situazioni che sono al di fuori del tuo controllo?

Se gli errori dipendono da te cerca le soluzioni (anche più di una) per porvi rimedio, parla con qualcuno che può offrirti un punto di vista esterno, e immagina tutte le possibili opportunità che quell'errore ti offre in termini di crescita personale o professionale. Se gli errori non dipendono da te, non focalizzarti sulla colpa altrui ma vai avanti.

Un altro esercizio di consapevolezza rispetto al comportamento da modificare o assecondare è il seguente.

In quale di queste figure ti rivedi?

Hai l'ansia dei risultati mediocri e prima di superare un test o un colloquio devi essere sicuro di conoscere tutto nei minimi particolari? Allora sei un perfezionista. Ricorda che *fatto* è meglio che *perfetto* e che spesso la perfezione conduce all'immobilismo. Nel mondo imprenditoriale non è importante l'idea ma l'execution, l'arte di trasformare un desiderio o un progetto astratto in qualcosa di concreto. Se ci si ferma all'idea, cercando di migliorarla in ogni suo particolare, si posticipa il momento dell'execution con il rischio che qualche altra persona o impresa sviluppi l'idea prima di noi.

Se invece temi anche la più piccola gaffe, se ogni piccolo errore è un dramma che investe la tua identità, se usi il verbo essere – *sono fallito* – anche se per una volta il tuo lavoro è stato giudicato mediocre, sei un ipergeneralista.

Inizia a dirti: oggi *ho fallito*, ma domani farò sicuramente meglio.

Se davanti a più opzioni, per paura di sbagliare, rimandi all'infinito la decisione o non scegli, allora sei un indeciso. L'indecisione autorizza qualche altra persona a scegliere al posto tuo e probabilmente non sarai felice della sua scelta. Per cui scegli e abbi fiducia in te stesso. Se anche dovesse rivelarsi una scelta sbagliata non possiamo certamente cancellare l'errore, ma dobbiamo imparare ad analizzarlo, a soppesarlo, a guardarlo da una prospettiva non usuale. Servono umiltà e coraggio, occorre rischiare, avere la capacità di cambiare, di osare perdere per vincere.

Saranno i no della vita a farci comprendere invece che è il caso di svoltare – pagina, idea, modello di business – prima di fallire.

Saranno i nostri errori, se saremo disposti ad accoglierli e analizzarli, e la nostra perseveranza gli ingredienti principali del nostro successo.

Le quattro regole d'oro

Accetta l'esistenza dell'errore e sviluppa una sana cultura del fallimento

Essere tolleranti con gli insuccessi e gli errori propri e altrui perché l'errore è insito nella natura umana.

Analizza gli errori

Individua gli errori ricorrenti e attiva meccanismi di correzione.

Sdrammatizza

Priva gli errori e i fallimenti del loro carattere drammatico e attenuane la gravità premiandoti quando compi un buon errore.

Condividi gli errori

Chi sbaglia deve raccontare l'errore, perché solo condividendo il racconto gli errori si trasformano in fonte di apprendimento comune e di progresso.

Fallisci ancora, fallisci meglio

L'unico vero errore è quello da cui non abbiamo appreso nessuna lezione.

Ricordati – come suggerisce J. Maxwell, fondatore della INJOY, un'organizzazione per lo sviluppo delle potenzialità umane – di fare dell'errore il tuo maestro e non il tuo becchino. Ti auguro il meglio."

RIEPILOGO DEL CAPITOLO 1:

- SEGRETO n. 1: scopri in che punto ti trovi, le tue attitudini innate; parla con la bambina che c'è in te; comprendi qual è il tuo perché; mantieni in equilibrio le aree della tua vita spezzettando gli obiettivi in piccole azioni.
- SEGRETO n. 2: diventa il vero te stesso e fanne il tuo brand.
- SEGRETO n. 3: osa perdere per vincere; accetta l'esistenza dell'errore.
- SEGRETO n. 4: analizza gli errori e sdrammatizza.
- SEGRETO n. 5: condividi gli errori; fallisci ancora, fallisci meglio.

Capitolo 2:
Come ripartire da zero e acquisire clienti diretti

2.1 Le mie risorse, i miei risultati

Ora che hai identificato la tua centratura, il tuo valore unico, ci troviamo al centro della nostra "*L*"; concentriamoci su come verticalizzare, puntare in alto: direzione → clienti diretti.

Ti faccio questa domanda: ti sei mai trovata a dover ripartire da zero nella creazione della tua clientela? Come sai, io purtroppo sì, e il primissimo impulso per me è stato tornare a cercare mentalmente la sicurezza, rifugiandomi col pensiero in ipotesi di guadagno diverse dalla traduzione, qualcosa che mi garantisse perlomeno la possibilità di pagare le bollette, il mutuo, l'asilo del bimbo... insomma quel che serve per vivere.

In quel periodo, fortunatamente, già svolgevo lezioni per alcune scuole di lingue e devo dire che anche le lezioni private mi davano un buon sostegno. Ma dentro di me non mi sentivo certo viva, né avevo gli occhi che brillavano come al termine di un interpretariato o di un bel progetto di traduzione in più lingue da gestire. Con il passare dei giorni mi convincevo sempre di più che non poteva essere quello il mio destino, fra lezioni e organizzazione domestica.

Ho deciso che, anche se mi ci sarebbero voluti alcuni mesi per mettere da parte il necessario, da quel momento avrei sempre destinato una parte di quel che guadagnavo al mio cambiamento, alla mia formazione. Ti consiglio di cuore di non fermarti alle difficoltà, come dice Giacomo Bruno nei suoi corsi: "Se hai un perché forte, il come lo trovi sempre!".

Nel periodo in cui attendevo di raggiungere le somme necessarie per i corsi che mi ero segnata, non mi sono mai data per vinta. Mi riconosco pienamente in una definizione che ho sentito in uno speech di Marco Montemagno, la "dedizione all'ostinazione", ecco: questa sono io. Mai perdersi d'animo, anche quando va tutto storto, il peso della famiglia, i bisogni del bimbo, nulla di concreto all'orizzonte… Mettici grinta e crealo tu il tuo orizzonte! Anche e soprattutto quando va tutto bene, non smettere mai di cercare nuove sfide sempre, ogni giorno, nonostante tutto.

E allora ho cominciato da ciò che sono io, che provenivo da un contesto di internazionalizzazione di imprese: ho contattato associazioni di categoria di cui tempo prima non ero nemmeno a conoscenza, ma sentite nominare durante un recente interpretariato, enti, camere di commercio, rappresentanze in Italia o all'estero nelle mie combinazioni, esteso i miei confini a studi legali specializzati in diritto internazionale e da questi contatti sono nate sinergie importanti, che hanno generato i primi clienti.

Ho partecipato a incontri per imprenditori e da questi sono nati i passaparola fra nuovi clienti ad altri imprenditori; sfruttato al massimo anche l'opportunità di conoscere direttamente aziende in fase di colloquio per un posto vacante – ma già con l'intento di tramutarle in collaborazione; risposto in maniera reattiva a post di colleghi per possibili incarichi che non potevano soddisfare.

Sinergie sfociate in accordi con società e professionisti fuori dall'ambito stretto delle traduzioni, eppure molto skillati dal punto di vista strategico e di posizionamento per i propri clienti; contatti dalla mia iscrizione presso il Tribunale... E poi, come ho detto prima, il tuo brand sei *T*u. Le persone si ricordano di te e ti vengono a cercare per quel che hai lasciato loro. Ecco che

53

cominciavano a cercarmi aziende, contatti impensati conosciuti durante interpretariati, nuovi contatti con colleghi professionisti che solo per esserci "parlati e piaciuti" mi suggerivano a clienti…

Ed ecco la parte di incarichi per traduzioni di saggistica o editoriali, e io di nuovo "attiva" e con il cuore gonfio e gli occhi che brillano a gestire incarichi prima per la mia prima decina di clienti diretti fra cui grandi gruppi, holding, associazioni, tutto questo accompagnata dai colleghi madrelingua sempre fedeli e da nuovi compagni di viaggio… Finalmente la ruota cominciava a girare. Eppure, mi sono fissata un nuovo obiettivo: la Svizzera. Ho pazientemente creato nei mesi una serie di contatti che mi hanno portata un bel giorno a un incontro fra imprenditori in Svizzera e da questo, dopo un mese, il primo cliente svizzero. Non riesco ad esprimerti la gioia che ho provato! …Ce l'avevo fatta!

Nel frattempo, mi ero attivata su LinkedIn per cercare a tutti i costi una figura con le giuste caratteristiche che potesse rappresentarmi alle conferenze AILIA in Canada. Beh, dopo diversi mesi spesi in colloqui su Skype e persone che mi hanno suggerito persone, sono arrivata a individuare chi sarebbe stato là per me. Ed eccomi in un luogo in cui fisicamente non potevo essere, ma i miei biglietti da visita e il mio nome cominciavano a circolare anche lì... Davvero, qualsiasi cosa tu possa immaginare per te stessa può realmente accadere! Pensa in grande! A quel punto, dovevo assolutamente "aggiornare la versione del mio software" e comprendere quanto ancora fosse disponibile là fuori per me.

Sono volata a Londra – con tutti gli annessi e connessi per la gestione della famiglia, ma di nuovo "se hai un perché forte il come lo trovi" – per i rudimenti del coaching, che mi hanno permesso a oggi di essere membro della EMCC (*European Mentoring & Coaching Council*) e in seguito di partecipare al programma di mentoring della CCI France Italie.

Ho realizzato solo confrontandomi realmente con questo aspetto che poter cambiare anche solo di poco le vite delle persone, affidare loro le mie conoscenze – come sto facendo ora con te – per renderle indipendenti mi fa sentire bene, mi riscatta dalla sensazione di "non essere abbastanza" che ho provato per troppo tempo, e mi fa sentire di nuovo utile alle persone, come me, come te, oltre che ai miei clienti.

Mi sono iscritta a un corso per approfondire l'uso di LinkedIn, che già mi stava dando buoni risultati seppur usato "alla cieca", e ho potuto iniziare a sfruttare al massimo questo strumento meraviglioso che ci mette in contatto, senza doverci spostare, con persone importanti per il nostro lavoro, che non avremmo mai potuto conoscere in vita nostra.

Da zero a dieci da sola in un anno e da dieci a trenta clienti diretti in molto meno! Per me è stato qualcosa di magico. Non dimenticarti da dove arrivo: nel lontano 2001 avrei tanto desiderato che esistesse un valido riferimento per chi muoveva i primi passi nel mondo della traduzione! L'uso di Internet era agli albori, il sito di Simon Turner compariva nell'agosto di quell'anno e il Tariffometro solo nel 2003, mentre ricordo come fosse ieri di aver riposto tutte le mie speranze in un breve trafiletto sbiadito su un giornale che titolava *Come diventare traduttori* e parlava di "tam tam comunicativo", che tuttavia continuava a rimanermi oscuro...

Oggi sorrido e do all'espressione questo significato: le migliori mosse per la tua carriera non proverranno dal tuo CV ma dalle tue relazioni. È da una relazione di vecchia data che mi è giunta la richiesta di partecipare alla gara d'appalto – che poi ho vinto – della società di trasporti della mia città! Non essere mai sazia di contatti per te interessanti. Le richieste di contatto che ho inviato nel tempo – ne invio circa una decina al giorno – hanno seguito le mie inclinazioni, e a fianco di persone chiave a livello di opportunità di lavoro, sempre di più si uniscono alla mia rete persone dalle quali imparo molto, ogni giorno.

Se consulti il mio profilo LinkedIn puoi vedere tu stessa l'elenco e le tipologie di descrizioni dei miei ultimi contatti. Devo dire che si tratta in ciascun caso di persone dalle quali traggo grande ispirazione e in alcuni casi opportunità, non solo lavorative; mi riferisco ad esempio all'opportunità di essere stata scelta e comparire nella parte di testimonianze del recente libro di Cristiano Carriero *Mobile Working* edito da Hoepli, oppure a quella di entrare a far parte del gruppo VPWN e del relativo programma di mentoring.

Investi più nelle relazioni e meno nell'eccellenza formale del tuo curriculum. Non per scoraggiarti, ma il futuro non è nei CV bensì nella certificazione delle competenze. Te ne parlerò meglio nell'ultimo capitolo, quando daremo assieme uno sguardo al futuro. Tu devi essere concentrata nel creare relazioni, e ciò che crea relazioni e che innesca conversazioni è esattamente lì dove hai versato il tuo sudore, i tuoi sforzi. È accaduto così anche a me, le persone iniziavano a farmi domande, fin dai percorsi di tutoring con stagisti, oppure a chiedere durante i miei corsi: "Ma Clizia, come sei arrivata dove sei oggi? Come si comincia?", o ancora nei percorsi di mentoring: "Cosa cerca l'agenzia in un traduttore? Che cosa devo fare per essere scelta?".

Senza neanche saperlo, in maniera istintiva ho iniziato ascoltando quello che mi veniva chiesto e ho compreso che questa è una parte importante di ciò che posso dare, una parte che non può rimanere ancora una volta inascoltata, deve trovare risposta! Nessuno ti spiega queste cose, nessuno mai mi aveva spiegato queste cose a suo tempo. Ed è quello che devi iniziare a fare anche tu, devi iniziare ad ascoltare il tuo target e quello che ti chiede.

Inizia ad ascoltare quello di cui il mercato ha bisogno, quali sono le sue esigenze, scegliti un taccuino di cui adori la copertina e tienilo sempre con te, oppure, se sei più tecnologica, usa il blocco note del tuo cellulare, prendi appunti, studia soluzioni perché è l'unico modo per soddisfare i bisogni che recepisci. Nell'ultimo capitolo tratteremo il futuro che attende questa professione, e sentirai dalla viva voce di esperti e di chi lavora nel nostro ambito "dall'altra parte" cosa sta avvenendo dietro le quinte, e per cosa ci dobbiamo preparare.

Se non hai clienti, chiediti: chi ha bisogno di quel che posso dare *io*? (Ricorda, identifica bene il tuo tratto distintivo.) Per chi potrei creare delle soluzioni diverse? Io, ad esempio, mi sono chiesta: per chi altro potrei creare soluzioni nuove? E da qui i rapporti con gli studi di internazionalizzazione e con enti per i quali svolgo corsi di lingua, che contengono il frutto di anni di negoziazione realmente vissuta. Poi, importante, anticipa il pregiudizio mostrando che molti altri professionisti si sono rivolti a te; se al momento non hai autorevolezza, dovrai creartela, per cui sperimenta e fatti rilasciare testimonianze, come ho fatto io dopo i miei corsi o con gli stagisti.

Cerca di avere l'occhio per le occasioni che possono dare risalto alla tua eccellenza. Durante i primi anni come traduttrice ero riuscita a reperire un contatto diretto, essere testata e in seguito entrare a far parte dei traduttori per i testi dell'Unione Europea. Questo ha rappresentato e rappresenta tutt'ora per me la mia prima, forte testimonianza di autorevolezza. Quindi cerca la tua occasione e renditi autorevole!

Se hai già clienti, fai un'analisi qualitativa e quantitativa. Cerca di capire com'è fatto ognuno, individua le parole che utilizza e conformati al suo linguaggio e al suo modus operandi. Vuole essere chiamato? Chiama. Non vuole scocciature? Bastano le e-mail. Sii pronta e reattiva. Mai lamentarsi, proponi soluzioni e non problemi. Te lo dice una che dall'altra parte c'è stata e in un certo qual modo c'è ancora.

Non sempre è il prezzo la discriminante nella scelta di un traduttore, ma le competenze che ha da offrire, l'empatia, alcune caratteristiche di particolare velocità e reattività, oltre che naturalmente la solida base della qualità di ciò che offri. Cerca di stupire anticipando ciò che ti chiederà il tuo cliente, sia che si tratti di un cliente diretto, sia che si tratti di un'agenzia. La solerzia e l'arguzia assieme alla risoluzione dei problemi sono molto apprezzate.

Mantieni i rapporti anche quando non ricevi incarichi, così si ricorderanno di te quando avranno bisogno, è così che è sempre accaduto fra me e i miei collaboratori più fedeli. Quando ti chiama un cliente, anche se in quel momento non sei realmente disponibile, mostrati pronta. Appena potrai – ma velocemente, mi raccomando

– provvederai con la dovuta concentrazione. Sii positiva e offri soluzioni. C'è un interpretariato in più lingue? Proponi il tuo team di colleghi. Anche avere buoni rapporti fra colleghi è un ottimo modo per lavorare. Non voglio arrendermi all'idea che siamo veramente tutti contro tutti come vedo nella maggior parte dei gruppi per traduttori su Facebook. Io credo molto nel potere delle sinergie e credo che assieme possiamo fare molto.

Mostrati flessibile (non sto parlando di tariffe), tollerante, rispettosa. Il principio di Pareto ci insegna che solo dal 20% dei tuoi sforzi/clienti arriverà l'80% dei tuoi risultati/fatturato.
Spesso abbiamo la tentazione di trattare tutti i clienti allo stesso modo, eppure non sono assolutamente uguali. Se hai un attimo, magari mentre sei a pranzo o dai da mangiare al tuo bimbo, scarabocchiando dietro un tovagliolo di carta, passa in rassegna i dati statistici della tua attività: quanti sono quei clienti che incidono sul tuo fatturato? Ora hai compreso esattamente quali opportunità vale la pena di perseguire e quali rappresentano uno spreco di tempo e di denaro.

Stabilisci a calendario alcuni eventi di networking, è importante, anche se hai famiglia, e quando sei lì focalizzati sull'offrire aiuto concreto, non sulla vendita. Sei lì per dare. Ad esempio durante l'evento in Svizzera ho anche raccolto proposte di chi voleva far girare il proprio nome in Italia, non ho solo offerto i miei contatti. Quando si instaurano relazioni nessuno "rovina la festa" con la propria pubblicità. Indossa il cappellino e la trombetta, conformati e tutto verrà da sé.

Ho sperimentato che questo stesso concetto vale sui social, anche su LinkedIn. L'autocelebrazione non paga. Non trattare LinkedIn come fosse un CV, perché non lo è. La headline che scegli deve contenere tutto ciò che sul tuo CV non ti è possibile esprimere. Saprai molto bene ormai che lo storytelling è la parola d'ordine in tutti i social. Parleremo del copywriting nel prossimo capitolo.

Altra cosa importante, cerca di essere presente anche in gruppi in cui puoi trovare il tuo cliente ideale (di cui prima, naturalmente, avrai fatto una sorta di "identikit" completo: caratteristiche, mansione, giornata tipo, obiettivi, dove va a cercare informazioni, cosa è importante per lui, quali possono essere i suoi contatti). Ad esempio io sono inserita in un gruppo di consulenza import-export per professionisti e imprenditori. Se cerchi contatti con clienti diretti, cerca il responsabile marketing, export, vendite, comunicazione. Ciò che premia è la perseveranza, l'umiltà e lo spirito di collaborazione. Mostra di conoscere il loro prodotto, si sentiranno "a casa". A oggi posso dire che quello che ho imparato l'ho provato sulla mia pelle, e che è proprio nel tipo di strada che hai fatto tu che risiede la forza professionale che puoi dimostrare. L'uso di LinkedIn si fonda esattamente su chi sei e cosa puoi dare.

2.2 LinkedIn per traduttori

Ce ne parla Alessandro Gini, (https://www.linkedin.com/in/alessandrogini) professionista tra i più validi esperti nazionali, che si occupa di formazione per l'utilizzo efficace di LinkedIn. Con Alessandro abbiamo preso in esame alcuni punti fondamentali per noi traduttori. Ti propongo qui di seguito il link all'intervista integrale

http://bit.ly/RisorseGratis

mentre a seguire ti riporto la trascrittura dei tratti salienti e per noi più utili.

Alessandro: […] Sono stato un freelance nel campo della comunicazione e ora sono un imprenditore. Ho dovuto cominciare a utilizzare LinkedIn, e soprattutto a farlo funzionare, per la mia azienda e attività (in tutt'altro settore, ovvero le produzioni foto e video). Dopo aver fatto tutti gli errori possibili (parliamo del 2010 […]) ho raggiunto dei risultati che mi hanno spinto a mettere questa conoscenza a disposizione di freelance, imprenditori, liberi professionisti che ne possono avere bisogno, e ho creato il mio brand LinkedIn4Business con cui oggi faccio formazione e consulenza. Questo mi porta ad avere un approccio alla formazione molto pratico.

Clizia: […] Tu sei la risposta perfetta per quello che ci serve. […] Per il fatto che arrivi dal discorso freelance puoi capire ancora di più questo tipo di categoria. […] Per noi è fondamentale come utilizzare in maniera efficace questo strumento. Quale può essere il primo punto che secondo te sarebbe da approfondire […]?

A.: Non c'è dubbio che il primo step è proprio quello di poter creare una propria presenza su LinkedIn efficace e attrattiva. Tipicamente, quando si crea un profilo per la prima volta, lo si imposta come se fosse un curriculum: si inseriscono delle informazioni di base senza una strategia, ma questo non è il miglior modo per un freelance di mettersi sul mercato grazie a LinkedIn. LinkedIn oggi è un marketplace potentissimo, soprattutto per chi fa il lavoro di traduttore/interprete come freelance. Nel compilare il profilo dobbiamo quindi passare da un approccio "a curriculum" a uno da "presentazione professionale". Tutto ciò che si scrive in un profilo va inteso proprio come fosse la scheda di un professionista, che tutti possono leggere e da cui devono essere colpiti.

Quindi in base all'interlocutore che vogliamo attrarre dovremo tarare alcuni elementi, vediamo un esempio: se sono un freelance e voglio posizionarmi soprattutto sul mercato italiano, magari per le PMI italiane che si internazionalizzano, dovrò adottare delle strategie differenti rispetto al caso in cui preferisca lavorare con grandi aziende, magari per localizzare i testi internazionali. È evidente che nel profilo LinkedIn trascuriamo tanti aspetti che cambiano in base alla strategia, come la lingua del profilo ma anche tanti altri dettagli, come le keywords.

C.: [...] Questa presentazione deve essere professionale ma efficace, che possa dare quello che è il tuo valore unico, il perché scegliere te, confermi?

A.: Certo, questo lo facciamo partire dalla scelta di una buona foto, riconoscibile, professionale ma che possa anche avere un elemento in più, magari per l'ambientazione, per l'abbigliamento, per un gesto... un qualcosa che possa raccontare il proprio lavoro. Ad esempio: se fossi un interprete e volessi puntare su questo aspetto, e lo facessi magari in cabina, potrei decidere di mettere una foto mentre lavoro in cabina di traduzione.

Il secondo elemento è scegliere un buon sommario, quella riga sotto al nome e cognome che, se si ferma a "traduttore", è veramente molto molto povera! Già potrebbe essere meglio ad esempio "Traduttore IT ←→ EN", oppure "Specializzato in traduzioni in ambito legale", o ancora fare riferimento a terminologie tecniche. O anche, come hai fatto tu Clizia, inserire degli elementi grafici come le bandierine, una bella idea per comunicare anche in modo smart.

[...] Questo il freelance lo può fare perché ha il vantaggio di non dover essere incollato a un brand e dover rispettare troppo alcune ingessature, così può essere più accattivante. Riassumendo, con foto e sommario ci rendiamo attrattivi già in una pagina di risultati di ricerca.

C.: [...] L'esperienza lavorativa come la mettiamo in risalto?

A.: Chi lavora associato a un brand di solito è un po' più facilitato, ma anche un freelance che non ha un'azienda di riferimento deve compilare con attenzione questo campo, dove deve dare un buon elenco di tutti i servizi che fornisce. Quindi, se col sommario incuriosiamo, nell'esperienza lavorativa entriamo nel dettaglio per far capire tutto ciò che possiamo fare e come lo facciamo, perché un cliente sceglie un freelance per le qualità uniche e specifiche del servizio che offre.

Queste qualità vanno dichiarate (ad esempio: "Sono una persona molto attenta ai dettagli, scrupolosa nelle revisioni"). Se vogliamo essere più incisivi e uscire dall'autoreferenzialità possiamo caricare dei contenuti multimediali (brochure, video con il nostro lavoro all'opera) e richiedere delle segnalazioni, cosicché il cliente possa già immaginarsi il lavoro fatto.

C.: Questa è la cosa migliore, perché niente meglio delle parole del cliente riesce a far capire la soddisfazione di quando si sente coccolato, oltre ad aver ricevuto anche un ottimo servizio; dalle parole del cliente si riesce a capire che cosa apprezza di te per cui io lo suggerisco a tutti: chiedete referenze, chiedete cosa ti è rimasto in mente dopo aver avuto l'esperienza con me, qual è stato il principale beneficio, cosa ti è piaciuto del lavorare insieme a me? Questo dà un risalto particolare al tuo lavoro perché gli dà quel taglio personale che è solo tuo.

A.: Non abbiate timore a fare delle richieste di segnalazione al cliente, il momento ideale è non appena si conclude il progetto, non quando è ancora in corso, non dopo sei mesi. Nel chiederlo è bene essere specifici, domando: "Cosa ti ha colpito? Quali caratteristiche del mio lavoro hai apprezzato e cosa il mio lavoro ti ha permesso di realizzare? Quale vantaggio ti ha dato aver avuto il mio servizio?".

Un secondo passaggio è creare la rete dei collegamenti, perché il profilo di ciascuno si collega in modo diretto e indiretto (collegamenti dei nostri collegamenti) ad altri, e questa rete di relazioni disegna la nostra sfera di influenza. Infatti la nostra possibilità di espandere il business tramite LinkedIn non è illimitata, ma circoscritta ai membri di secondo ed eventualmente terzo grado, un numero di persone che nasce e scaturisce dalla prima cerchia con cui decidiamo di connetterci.

Quindi in una prima fase si potrebbero recuperare dal passato tutte quelle persone con cui si è scambiata almeno una mail per lavoro e con cui si è ancora collegati su LinkedIn, perché potrebbero darci un nuovo lavoro oggi o nel futuro. Magari dal solo biglietto da visita che gli abbiamo lasciato non si ricordano che esistiamo, mentre la richiesta di collegamento su LinkedIn è un modo per farglielo ricordare.

Il secondo step è cercare i prospect: quindi, se io so che di solito chi compra i miei servizi è il responsabile della comunicazione di una media azienda di una certa regione, o magari specializzata in un settore merceologico (per il quale magari ho un vocabolario tecnico particolarmente forte), cerco queste persone su LinkedIn e chiedo il collegamento.

C'è anche una terza categoria di persone che non dobbiamo dimenticare, e sono quelli che ci possono facilitare nel trovare o farci trovare da un cliente, anche se non sono loro stessi un cliente. L'esempio più comune sono quelle persone che vendono al nostro stesso target servizi diversi (ad esempio agenzie di grafica/siti).

Quando si chiede il collegamento a una persona che non si conosce è sempre essenziale aggiungere una nota personalizzata di presentazione. Su dieci richieste di collegamento ricevute, quante hanno due righe di presentazione? Probabilmente nessuna! Ma quanto fa piacere quando la si riceve? Quindi facciamo fin da subito qualcosa di speciale per i nostri futuri clienti.

C.: [...] Quello che crea la rete sono i rapporti fra le persone, e quando una persona percepisce che dall'altra parte ci sono delle sensazioni, e che l'altra persona ha generato in te delle sensazioni, è diverso rispetto a un approccio di tipo automatico "Mi dai il tuo contatto? Sì/no".

A.: Esatto, la persona si sentirà trattata come tale, e in più il messaggio personalizzato può aprire la porta a un'immediata conversazione, soprattutto se abbiamo la furbizia di porre una domanda interessante. Poi però le relazioni con i collegamenti vanno mantenute, inviando di tanto in tanto un messaggio privato, ad esempio per segnalare un bell'articolo che potrebbe interessare il destinatario.

Per finire arriva la parte che quasi nessuno fa, ma che porta risultati magici, da far sgranare gli occhi: partecipare a LinkedIn come comunità, come social media, cioè condividere i propri pensieri professionali, la propria conoscenza, il proprio punto di vista. A me piace fare l'esempio attraverso la metafora della città: se i profili sono come gli edifici e i collegamenti fra le persone sono come le strade, se nessuno va in giro per questa città abbiamo fatto una cattedrale nel deserto; se non creiamo traffico con i contenuti privati o pubblici abbiamo creato un grande potenziale che non si esprime mai, che non si converte mai in vere relazioni.

Quando si pubblica un post, questo può essere il commento a una news di settore, o può essere un piccolo consiglio pratico (anche per dare un'idea della nostra preparazione). La continuità sarà una componente importante per generare fiducia. A chi fa più fatica voglio lasciare due consigli, il primo è una leva motivazionale: se ci si rende conto che l'abitudine di dedicare dieci minuti al giorno a LinkedIn porta un risultato che non si avrebbe diversamente, lo si farà più volentieri. Tutto sommato sono solo dieci minuti, dalla scrivania o dal cellulare!

Il secondo consiglio è che il trucco è l'abitudine: anche il più indisciplinato del mondo, se continua a fare una cosa, la farà diventare un'abitudine. Magari inizialmente servirà metterla a calendario, ma via via si farà in automatico. A me piace lanciare la

71

sfida del 30x30, cioè provare a dedicare 30 minuti ogni giorno per 30 giorni. Certo, può essere un bell'impegno se lo si fa seriamente, ma almeno permette, dopo trenta giorni, di apprezzare dei risultati concreti e proseguire, oppure di poter affermare con certezza che non è il mezzo giusto per sé.

Serve avere una propria routine di azioni da compiere, che possono essere chiedere il collegamento a nuovi potenziali clienti e rispondere ai messaggi privati, ma soprattutto scrivere post interessanti e commentare quelli dei propri collegamenti. Questa è una road map essenziale per un freelance, per non trascurare nulla.

2.3 Come promuoverti a budget minimo

Quando sei tu il cliente, se devi scegliere un prodotto, cosa fai? Fai ricerche. Comprenderai che chi non è presente nei risultati oggi è invisibile, semplicemente non esiste.

Come avrai certamente notato il mondo è in continuo cambiamento e il *funnel* (avrai già sentito questo termine, è l'imbuto attraverso il quale si generano e passano i contatti) tradizionale sta sparendo. Non mi soffermo a spiegarti sistemi di marketing già superati. Personalmente li ho potuti approfondire durante il corso di

Marketing formativo di Giacomo Bruno, che ti consiglio sinceramente di tutto cuore, e del quale condivido con te alcuni tratti salienti. Ti illustro l'ultimo sistema in uso e ti dico anche che proprio in questi giorni sta uscendo una sorta di "upgrade", per cui tutto cambia alla velocità della luce. Dobbiamo essere pronti al cambiamento.

Se nel primo capitolo hai identificato ciò che ti rende unica, hai trovato il tuo elemento distintivo, il tuo punto di forza, il tuo perché, sicuramente questo deriva dall'unicità della tua storia, delle tue esperienze, e saresti in grado di parlarne per ore. Ecco, questo argomento può essere lo spunto per un tuo gruppo Facebook tematico, a cui le persone interessate faranno riferimento a partire dalle frasi che posterai su un tuo profilo pubblico, o su una "Pagina fan" alla quale le persone arriveranno dalla tua pagina personale.

Il tuo brand deve emergere in circa 25 caratteri e deve: sfidare, incuriosire, rivolgersi al tuo target, mostrare la tua unicità e concretezza e magari porsi sotto forma di domanda (es. "Traduttore imprenditore in tre passi?" oppure "Tradurre per clienti diretti?"). Le interazioni determinano la maggior visibilità in base ad algoritmi che Facebook applica, e mentre solo qualche anno fa tutto questo avveniva in maniera completamente gratuita, ora Facebook chiede denaro (3 cent a click, ovvero a persona) in cambio dell'apertura del canale a maggiori possibilità di interazione.

La maggiore interazione determinerà per te una maggiore possibilità di ritorno in termini di acquisto di un tuo prodotto rispetto a quanto hai investito. Sì, hai capito bene, un tuo prodotto. Comincia preparando un piccolo e-book sul tuo argomento, un piccolo video-corso, o magari un webinar. Ricorda, l'argomento ce l'hai, è il *T*uo (nessuno te lo può "copiare", nessuno avrà vissuto esattamente la tua stessa vita), potresti parlarne per ore.

In sintesi, il sistema di marketing semplificato oggi più efficace non parte più dai motori di ricerca, ma da Facebook Ads, che dà visibilità a te e al tuo gruppo Facebook. Una Facebook Ads la crei con un budget di 5€ al giorno. Vai in alto a destra su "Crea inserzione" o vai su www.facebook.com/advertising, seleziona "Traffico" e inserisci il link al gruppo Facebook. Inserisci una o più foto 1200x628 pixel, inserisci il titolo da 25 caratteri e il testo da 90 caratteri, e seleziona il pubblico.

Nel tuo gruppo Facebook magari farai delle dirette, che sono ancora più potenti dei tre video classici che si sono sempre usati per dare contenuti di valore prima della fase di vendita. Se non ti senti a tuo agio pensando a questo, come sostengo spesso durante i miei corsi, tutti possiamo arrivare al risultato con una motivazione forte e con l'allenamento. Ti parlerò di ciò che ti serve sapere del public speaking nel prossimo capitolo.

Durante le dirette che farai nel tuo gruppo, le persone si saranno ritagliate quel momento per seguirti e concentrarsi su di te, il feedback per te sarà istantaneo, c'è una scadenza, il live è in quel momento. Con i live e con i tuoi post, se avrai ben focalizzato il perché le persone dovrebbero seguirti e come puoi aiutare gli altri, avrai un fluire naturale alla pagina di vendita che avrai creato.

Nessuno ti spiega queste cose, nessuno le dice. Tutti sembrano così magicamente illuminati, mentre la verità è che chiunque sia un attimo strutturato applica uno schema come questo per le proprie vendite oggi. Altra cosa: sapevi che è possibile comprare i Like? I Like si comprano a un costo di 0,10-0,30€ e questo avviene sempre per il principio di riprova sociale.

Ma se tanti condividono un tuo post, magari con una foto, un aforisma, il tuo post diventa virale. I commenti creano interazione quindi traffico sulla tua pagina. Nel testo da 90 caratteri punta a sfidare chi ti legge, non cercare il bisogno da soddisfare (come fanno i venditori), cerca invece di incuriosire, cosa c'è che non sanno? Formali già dal testo dell'annuncio (es. "Sai che...?"), crea il bisogno e offri una soluzione.

Altro consiglio, fai dei test, ovvero diversi annunci cambiando le parole e monitora i risultati (quante persone ho raggiunto/hanno cliccato).
La pubblicazione dei contenuti deve avere una cadenza regolare. Esistono delle piattaforme per programmare i tuoi post come Post Pickr, che funziona anche su smartphone tramite app.

Al pari della potenza di Facebook, oggi il canale Telegram è un ottimo strumento perché le persone si interessino a te e ai tuoi contenuti. Per crearlo devi aprire l'app di Telegram, cliccare in alto a destra "Nuovo canale", mettere il nome (consiglio: chiama il canale Telegram come il nome del gruppo Facebook) e la foto, scegliere il pubblico e creare l'url. Qui il segreto è condividere risultati, news del settore, post Facebook utili, link alle dirette

Facebook. È possibile promuovere il canale Telegram con post di Facebook Ads a un costo per click da 0,10 a 0,30€.

Starai pensando che ci vuole molto tempo da dedicare a tutto questo e se hai famiglia ti sembra un'impresa funambolica. Ti do una buona notizia, è possibile automatizzare le procedure. Esistono dei software cosiddetti "autorisponditori" come GetResponse (che ti dà un mese di prova gratuita) oppure AWeber o Infusionsoft, che ti permettono di gestire in automatico l'invio delle tue e-mail con i tuoi contenuti ai clienti, inviare newsletter, avere statistiche dettagliate.

Ma tutto questo pare già superato, perché si è conclusa da poco a Orlando, in Florida, la presentazione della versione upgrade di un software che si chiama Clickfunnels e che integra in sé autorisponditore, collegamento con Paypal per le vendite e integrazione con Facebook Messenger, ovvero è possibile creare dei messaggi automatici da inviare online con tassi di apertura del 100%, integrazione con le notifiche del browser del tuo utente (ovvero potrai far apparire sul computer del tuo utente una notifica per informarlo che sta iniziando la tua diretta), inviargli un video o annunciare il tuo Facebook Live, tutto in una sola piattaforma.

Il mondo sta cambiando alla velocità della luce e anche noi traduttori dobbiamo non solo esserne a conoscenza, ma farci anche trovare pronti!

Se ti stai chiedendo come individuare gli argomenti da trattare, fatti anzitutto queste domande: chi desidero che visualizzi questo post? Quale azione desidero che compia? È un contenuto di valore per chi lo riceve?

Ti suggerisco di partire da un concetto, o meglio una parola chiave, e scrivere sul tuo blocco o nelle note del tuo iPhone tutte le parole correlate che ti vengono in mente: queste rappresentano gli argomenti da trattare nel post. Puoi consultare https://answerthepublic.com e scoprire quali sono le domande e le richieste che le persone fanno su Google relativamente a quella parola chiave.

Ti cito altre risorse molto utili: Canva.com, Content Idea Generator e Hubspot's Blog Ideas Generator in cui è sufficiente inserire i termini di cui vorresti parlare e ti viene fornita immediatamente una lista di cinque titoli di blog post per coprire la settimana. Ti consiglio di dare maggior risalto a quanto scrivi nella parte sinistra, dove l'occhio occidentale cade quando guarda l'immagine. Se poi stai postando su LinkedIn, ti suggerisco di inserire eventuali link soltanto nel primo commento al post, in quanto l'algoritmo del sistema penalizza link esterni.

Altra idea carina che proviene da uno dei miei contatti LinkedIn è l'utilizzo di animazioni per commercializzare i propri servizi. Si dovrà poi cercare su Fieverr qualcuno per il voice-over. Ma non c'è davvero limite alla tua creatività.

Trova il tuo momento creativo, il momento in cui "funzioni meglio". In più occasioni per me le migliori intuizioni sono arrivate inaspettatamente, magari nelle prime ore del mattino, direi fra le 5 e le 7, magari ancora nel dormiveglia, ma con la mente già attiva, nel silenzio di tutta la casa, mentre finalmente tutti dormono. Proteggi quei momenti perché sono fondamentali. Blocca il tuo tempo. Se hai bimbi piccoli, come me, chiedi supporto in famiglia, di' a chi vive con te: "Per cortesia, facciamo questo sforzo insieme", ma scrivi, scrivi, scrivi e sii autentica. Soprattutto se hai una presenza nei social non puoi essere qualcun altro. Tu sei tu.

È soltanto comunicando i tuoi elementi di unicità che potrai uscire dalla "guerra del prezzo". Se nella mente del tuo cliente tutti offrono la stessa cosa, capisci bene il motivo per il quale si affidano a chi offre quello stesso servizio al prezzo più basso. È fondamentale riuscire a posizionare al meglio la tua unicità nella mente delle persone. E per differenziarti ancora di più, nel prossimo capitolo ti darò alcuni spunti da personalizzare e magari applicare nella tua attività di traduttore.

RIEPILOGO DEL CAPITOLO 2:

- SEGRETO n. 1: applica la "dedizione all'ostinazione": se hai un perché forte, il come lo trovi!
- SEGRETO n. 2: ricorda la legge di Pareto 20/80; fissa nuovi obiettivi anche e soprattutto se le cose vanno bene; sii positiva, flessibile, tollerante, rispettosa, perseverante, umile e collaborativa; offri aiuto e soluzioni.
- SEGRETO n. 3: fai l'identikit del tuo cliente e anticipa le sue ricerche, fatti trovare nei posti che frequenta.
- SEGRETO n. 4: LinkedIn non è un CV; aggiusta foto e headline, chiedi segnalazioni; interagisci 30x30.
- SEGRETO n. 5: promuovi la tua attività sul web. Crea il tuo brand, scrivi ora sul tuo blocco il tuo Ads (25 caratteri), il tuo testo (90 caratteri) e pianifica i contenuti del tuo primo post.

Capitolo 3:
Spunti per differenziarti

3.1 Usa la tua voce per creare il cambiamento

Oggi lavorare nel nostro settore è più difficile rispetto al passato e il motivo è duplice. Da un lato c'è troppa concorrenza e dall'altro c'è poca differenziazione.

Hai mai pensato a quanto sia differenziante la tua voce? La tua voce è la tua carta d'identità sonora. È soltanto tua. Immagina la differenza fra un profilo standard e uno che contiene il link a un tuo breve speech, alla tua voce, che magari illustra perché dovrebbero scegliere te come interprete.

Sei consapevole del fatto che la voce comunica quanto crediamo nelle nostre parole? Sì, perché la voce traduce in emozioni ciò che diciamo. "La voce è il respiro delle nostre emozioni", questo mi ha insegnato la voice coach Daniela De Meo (https://www.accademianazionaledellavoce.it) che da circa diciotto anni estrae da politici, attori, personaggi dello spettacolo, imprenditori, avvocati e professionisti le loro potenzialità vocali per farle diventare obiettivi di comunicazione efficace.

Di seguito i punti più utili a noi traduttori che Daniela mi ha concesso di condividere con te, a beneficio di un uso più consapevole ed efficace della tua voce.

"L'errore più comune rispetto a un uso efficace della voce è una respirazione scorretta e una mancanza di articolazione delle parole. Respirare correttamente e articolare le parole che pronunciamo sono i due pilastri di una voce efficace.

Un traduttore/interprete che usi la voce consapevolmente si ritroverà a essere ascoltato con maggiore interesse dal suo pubblico, in quanto sarà maggiormente in grado di esprimere in emozioni le parole tradotte e trasmetterà il messaggio in maniera affascinante ed efficace.

È di fondamentale importanza che la voce sia in connessione con lo stato emotivo e che lo stato emotivo sia rilassato e centrato. Rilassamento e centratura dello stato dipendono fortemente dalla respirazione corretta e della postura. Partendo da una corretta respirazione potremmo assestarci su una postura allineata che ci porterà a raggiungere uno stato emotivo rilassato e centrato. A quel punto la voce troverà la strada spianata per proporsi con efficacia e grande fascino.

Gli esercizi che un interprete dovrebbe svolgere nel suo quotidiano sono quelli per migliorare la respirazione diaframmatica e per aumentare l'articolazione della pronuncia delle parole espresse. Un esercizio molto semplice e divertente di articolazione può consistere nello scegliere un testo a piacere da leggere e pronunciarlo con grande energia, utilizzando una matita tra i denti. Questo permetterà di migliorare la chiarezza espositiva e modulare meglio il tono della voce.

La stessa cosa varrà prima di un intervento importante: respirazione, articolazione, e aggiungiamo i vocalizzi che sono la pronuncia delle vocali per tutta la durata del fiato dopo aver preso aria utilizzando il diaframma.

Sapevi che esistono dei cibi e delle bevande da evitare prima di una performance vocale? Per un interprete, prima di uno speech, è fondamentale non assumere cibi o bevande a base acida o di sapore piccante, per cui no a: spremute di agrumi, latte, coca cola, vino, caffè, peperoncino, cioccolata. Sì invece a tisane addolcenti alla malva, erisimo, tiglio, finocchio, melissa o anche e soprattutto acqua a temperatura ambiente.

Per iniziare a lavorare con la voce e a migliorarla è importante imparare a respirare con il diaframma, una respirazione addominale e rilassata che permetta alla voce di essere piena e fluida. Per cui un esercizio molto semplice da provare subito potrebbe essere quello di sdraiarsi su un tappetino e appoggiare un libro pesante, tipo vocabolario, sul proprio addome. Da lì inspirare facendo salire il libro, trattenere per tre secondi e poi espirare molto lentamente facendo scendere il libro fino a sentirlo che schiaccia pesantemente l'addome. A quel punto trattenere per altri tre secondi e iniziare di nuovo a inspirare sollevando il libro. Il tutto per dieci volte. Questo esercizio permette giorno dopo giorno di trasformare la respirazione in diaframmatica addominale.

Un altro esercizio che potresti fare subito, mentre stai leggendo, è quello di procurarti una matita, metterla tra i denti e continuare a leggere il libro per cinque minuti, articolando il più possibile e con grande energia. Trascorsi i cinque minuti potrai togliere la matita dai denti e continuare a leggere normalmente, ti accorgerai che istantaneamente il tuo eloquio risulterà più chiaro e più preciso e la tua comunicazione sarà subito più efficace."

3.2 Public speaker professionista

Sai qual è la paura numero uno al mondo, davanti alla paura della morte? Parlare in pubblico. Adesso mi dirai: sono un'interprete, sono abituata. Ma ti assicuro che quando sei tu a dover produrre i contenuti e sei tu sola di fronte al tuo pubblico, le cose cambiano... e di molto. Immagina solo di dover fare una presentazione a braccio diciamo a cinquecento o mille persone per un'ora.

La sensazione istintiva, irrazionale, è di stress, per alcuni addirittura panico, e nasce fondamentalmente dalla paura del giudizio.

Se hai una motivazione forte, non c'è spazio per la timidezza. La cosa più efficace per spazzare via qualsiasi "mi blocco, sono timida, non so cosa dire" è, come sappiamo bene, prepararsi. Prepararsi mentalmente e fisicamente. Più parli in pubblico, più impari. Puoi cominciare anche nel tuo piccolo, registrandoti, oppure puoi trovare un "buddy", magari nel nostro gruppo Translator's Club, con cui allenarti. Ci sono anche gli eventi Toastmasters a cui puoi partecipare per fare esercizio.

L'importante è cominciare.

Quanto vado a condividere con te ora è parte di quello che ho appreso nei giorni spesi al corso di Public speaking dell'Accademia Numero 1 di Giacomo Bruno. Di nuovo, è un consiglio spassionato, sono certa che se dovessi decidere di approfondire con Giacomo l'argomento, sarai molto soddisfatta.

Partiamo dal tuo perché. Prendi il tuo blocco e rispondi: perché vuoi padroneggiare le abilità del parlare in pubblico? Cosa vuoi trasmettere al tuo pubblico? Perché tu e non un'altra? Perché è importante per te? Sei disposta a superare le circostanze?
Conoscere il proprio perché spazza via qualsiasi paura, obiezione, pensiero limitante. Sapevi che anche le paure vengono create? Seguono dei processi mentali ben precisi e possiamo usare gli stessi processi per superarle.

Per gestire lo stress è necessario anzitutto essere preparati, avere uno schema dei punti da sviluppare, che vedremo più avanti. Segue la preparazione mentale. Immagina di essere su un palco, vedere con gli occhi dello speaker, vedere persone che ti applaudono, ti sorridono. Fai girare questo film nella tua mente da capo, senti questa sensazione di benessere, respirala appieno. Ora hai creato lo stato mentale di benessere che puoi andare a recuperare in te stessa quando vuoi. Altro aspetto: usa la respirazione come ci ha insegnato Daniela. Saper respirare di pancia ti rilassa e ti trasmette rilassatezza.

Sapevi che nello stress c'è una componente fondamentale? L'energia, energia nei movimenti, nei gesti. Attenzione, non deve essere eccessiva, va gestita col respiro. L'energia è al massimo quando lo stress non è al massimo. Poi in ultimo, ma non per importanza, la voce, con che tono parliamo. La maggior parte degli insegnanti e professori universitari non è preparata. La differenza fra *molto noioso* ed *emozionante* è questione di dettagli. Prova a essere depresso mentre dai il cinque a qualcuno. La chiusura del corpo viene trasmessa anche fuori e nel trasmetterlo agli altri lo trasmetti a te stesso.

La postura: non ciondolare (toglie potenza al messaggio), non appoggiarti al muro, non stare con le mani in tasca. Se devi dire una frase importante fermati e tieni i piedi ben puntati per terra. Spalle dritte, piedi non troppo stretti né troppo larghi. Mani libere, non in posizioni strane.
Se passeggi per il palco sei nel pieno dei discorsi.
Ora alzati in piedi. Mettiti nella posizione corretta e chiedi a qualcuno di provare a spingerti. Ti sei spostata? Sì.

Ora respira e immagina che il tuo centro di gravità sia sotto l'ombelico, le gambe sono leggermente divaricate, c'è un macigno dall'ombelico a terra. Immagina un raggio di luce dall'alto che passa dalla testa ai piedi e lascia che l'energia dall'alto pervada il corpo. Ora immagina che dai piedi si irradino delle radici, che si radichino nel terreno. Ora prova a farti spingere. Nessuno riuscirà a spostarti.

Ecco, questa postura utilizzala sempre, anche quando parli con qualcuno, conferisce sicurezza nel messaggio, appari diretto, sicuro, ben posizionato, qualsiasi cosa tu stia dicendo.
Ora fai una prova. Pensa a un argomento di cui potresti parlare senza pensare troppo al contenuto – non so, la ricetta del tuo piatto preferito – e concentrati sulla postura. Il primo minuto lo devi trascorrere ferma sulle due gambe per trasmettere sicurezza.

Ora pensa a chi stai osservando mentre parli. La star è il tuo pubblico, non tu. Non fissare solo la prima fila, non guardare solo da un lato o dall'altro, cerca di non "perderti" nessuno, parti dal fondo e dedica almeno due secondi a testa. Le persone ti giudicano in 5/7 secondi. Se hai una famiglia numerosa, mettiti subito alla prova e chiedi ai tuoi famigliari di sedersi di fronte a te con la mano alzata mentre tu parli. Man mano che li avrai guardati la abbasseranno. Sembra semplice ma ti assicuro che non lo è, quando l'ho provato mi sono stupita di aver "saltato" delle persone senza accorgermene.

Altra cosa importante: crea interazione. Le domande sono il modo più veloce e semplice, anche solo per alzata di mano. Devi porre domande chiuse, ovvero che prevedano come risposta o un sì o un no. Le domande sono anche un grande strumento per gestire il tuo stress. Servono per prendere tempo.

Inizia a pensare ai momenti in cui puoi passare la palla al pubblico. Ora scrivi sul tuo blocco tre domande che puoi utilizzare all'inizio o durante il tuo speech (es. "Ti è mai capitato…?", "Ti può essere utile quello che ti sto esponendo?", "Chi di voi sa…?").
Dopo che avrai scritto le tue domande sperimenta le tecniche durante cene fra amici, ponendovi delle domande a vicenda.

Andiamo ora ai contenuti. Con una buona scaletta, ti senti anche più sicura. Vediamo come strutturare il tuo messaggio.
Il messaggio si divide in tre fasi: decollo, volo, atterraggio.
Solitamente il primo minuto è il più difficile da gestire, ma è anche

quello in cui lo speaker prende il controllo della sala e dà delle regole.

Il decollo si può suddividere in una serie di punti: perché stai chiedendo l'attenzione, qual è il tuo fine, ovvero devi far percepire in chi ti ascolta lo stato desiderato rispetto allo stato attuale; poi devi illustrare cos'hai da dare a chi ti ascolta: fai una domanda che incuriosisca o che faccia immedesimare ("Lo sai che...?", "Ti è mai capitato...?"); racconta un aneddoto; cita qualche statistica/dato a effetto; fai citazioni. A quel punto parla di chi sei tu, la tua storia, i dati per la tua credibilità, i dettagli logistici e la cornice temporale. Poi dai le "regole del gioco", anticipa le obiezioni, indica quale sarà lo spazio per le domande.

Il volo deve contenere un'idea centrale ben definita: segui una mappa dei contenuti che avrai creato con massimo tre punti per sessione, e inizia ogni sessione con domande. Infine personalizza con storie.

L'atterraggio è il riepilogo dei punti chiave, contiene un invito all'azione (far fare qualcosa, dare un "compito") e termina con il ringraziamento per la partecipazione.

Ora prendi il tuo blocco e scrivi decollo e atterraggio.

Condividi con il tuo buddy. Non è facile, stai affrontando una sfida importante, per cui brava! Fatti un applauso!

Cosa rende il tuo messaggio unico? La tua storia, le tue difficoltà non te le possono rubare, sono le tue, sono brandizzanti e creano emozione. La tua storia deve contenere il viaggio dell'eroe: cosa facevi prima del risultato? Poi quale sfida è arrivata? Chi/che cosa ti ha aiutato? Quali prove e difficoltà hai superato? Che lezione hai imparato?

Ora che conosci le strategie, se sei anche appassionata, avrai grande successo! Spiega le strategie attraverso le tue esperienze, proprio come ho fatto io in questo libro. Sii pratica e concreta. Prendi il tuo blocco e crea lo schema del tuo viaggio dell'eroe. Condividi con il tuo buddy la tua storia in un minuto.

Se hai deciso che puoi dare valore al tuo pubblico con la formazione, c'è uno schema ben preciso da seguire.
Devi motivare, ovvero far visualizzare lo stato desiderato; poi devi informare, ovvero dare i dettagli tecnici della tua offerta; devi rassicurare, ovvero rispondere alle obiezioni prima ancora che nascano; infine, chiudere.

Quando vai a motivare devi includere la promessa, l'opportunità che offri, il problema, i benefici, le storie a supporto.

Quando vai a informare devi includere le specifiche del tuo prodotto, i dati tecnici e il prezzo.

Quando vai a rassicurare devi anticipare le obiezioni, offrire testimonianze e garanzie, dare un'idea della velocità dei risultati e dell'accessibilità per tutti.

Quando vai a chiudere devi includere il riepilogo dell'offerta, il bonus di valore, usare un principio che viene definito di "scarsità e urgenza" e far fare qualcosa a chi ti ascolta.

Crea ora sul tuo blocco lo schema della tua vendita. Con questi strumenti ora anche tu, se lo vuoi, puoi realmente differenziarti!

3.3 Tips di copywriting

Sapevi che il content writing è fra le dieci abilità più richieste del 2018? In una società in cui si valuta sempre di più il quoziente emotivo legato alla comunicazione piuttosto che quello intellettivo, si impone anche per noi traduttori l'esigenza di padroneggiare i fondamenti del copywriting. Se scoprirai di esserne appassionata e deciderai di approfondirlo, questo aspetto potrebbe essere per te differenziante.

Ho chiesto supporto a Fabrizio Ballabeni (https://www.linkedin.com/in/fabrizioballabeni), copywriter professionista e titolare di un'agenzia di comunicazione svizzera, nonché formatore e docente di Advertising.

Fabrizio ci spiega anzitutto che il copywriting troppo spesso viene erroneamente definito come "scrittura professionale legata all'advertising" o come "tecnica di vendita". Il copywriting non è direct marketing, ma è soprattutto scrittura professionale applicata alla comunicazione in un'ottica di forza ed efficacia.

Gli obiettivi che il copywriter (e chiunque utilizzi la scrittura in ambiti professionali) si deve porre quando lavora su un testo sono principalmente tre: conquistare, distinguere e costruire.

Conquistare: per dire, bisogna farsi ascoltare.

Non è così banale come sembra, gli argomenti devono essere trattati in modo coinvolgente, divertente, emozionante, originale, rilevante.

Distinguere: perché qualcuno o qualcosa sia riconoscibile, dev'essere diverso dagli altri.

Ognuno di noi – come abbiamo visto proprio in questo capitolo –

ha una voce che lo caratterizza e lo distingue. Non solo per come suona, ma per il modo in cui la usiamo, per le parole che utilizziamo, per come costruiamo le frasi. Quando a parlare è una società (es. Associazione Consumatori), un brand (es. Audi), un'istituzione (es. ONU) è importante compiere scelte lessicali coerenti e distintive, non solo in termini di gergo o linguaggio tecnico, ma anche di stile d'espressione.

Costruire: la differenza tra un punto di partenza e una tappa.
La comunicazione è un percorso a tappe che non riparte mai dallo stesso punto. Riuscire a trasmettere informazioni in modo efficace, a conquistare l'attenzione del pubblico, a creare riconoscibilità significa costruire.

Ogni meta raggiunta diventa il nuovo punto di partenza di un percorso. Se dobbiamo trasmettere più informazioni, ad esempio, può essere una buona scelta quella di costruire una sorta di filo conduttore che ci consenta di presentare le informazioni come una conseguente all'altra. Legare i concetti tra loro rende più agevole ricordarli, perché saremo aiutati dalla logica.

Il copywriting è uno strumento non solo tecnico, ma concettuale.

Ed è qualcosa che si può apprendere. Un'attitudine che si sviluppa e in cui ci si esercita e si evolve. Al suo interno, possono essere utilizzate diverse tecniche di scrittura, da scegliere sulla base del mezzo di diffusione (le parole verranno lette, ascoltate, riportate? Si tratta di un mezzo sintetico o più prolisso?), del target e del brand/ente.

Estetica con efficacia

Se il copywriting è dire la cosa giusta nel modo migliore, allora possiamo parlare di estetica ed efficacia. Cioè di qualcosa che è piacevole da leggere o ascoltare e che produce un risultato.

Ci siamo chiesti qual è la cosa giusta e qual è il modo migliore per dirla. Due elementi che si definiscono proprio con "efficacia" ed "estetica".

La cosa giusta (efficacia)

Prima di scrivere è necessario capire esattamente cosa dire: individuare i concetti chiave e le informazioni basilari. È intorno a quelli che costruiremo i nostri testi, lavorando più sullo stile e sulle scelte lessicali che sull'aggiunta o sull'arricchimento. Infatti, più cose si cercano di dire e meno ne vengono recepite: se un testo che contiene tre concetti è lungo otto pagine, è impensabile che il lettore riesca a organizzarli nella propria testa in modo da ricordarli e comprenderli. Quindi, ricorderà semplicemente la sensazione provata leggendo: complessità. Se i concetti sono trattati in modo chiaro e sintetico, con una forma incisiva, saranno più chiari e assimilabili con maggiore facilità.

Alla base del saper riconoscere qual è la cosa giusta da dire, c'è la chiarezza mentale. Per questo non si tratta di "conoscere", ma di "riconoscere": c'è sempre, tra tutto ciò che dobbiamo dire, qualcosa che spicca, che ha più rilevanza. E il tempo, in questo senso, è un alleato, anzi, uno strumento indispensabile che possiamo utilizzare cercando di sintetizzare, di arrivare a ciò che è più efficace dire attraverso un'operazione di eliminazione del superfluo. Ad esempio, scrivendo inizialmente un testo che contenga tutto e poi, man mano, chiedendoci cosa si può togliere.

Non a caso Mark Twain disse: "Non avevo il tempo di scrivere una breve lettera, così ho dovuto scriverne una lunga". Un po' come se volessimo raccontare in poche parole Giulietta e Romeo: sicuramente citeremmo l'amore tra i due protagonisti, le due famiglie rivali, l'intrigo ideato da Frate Lorenzo, il finale drammatico. Pochi elementi all'interno di una storia complessa e ricca di scene e personaggi, ma sufficienti a inquadrare la vicenda: sono quelli che la maggior parte della gente ricorda.

Il modo migliore (estetica)

Nella scrittura, il *come* conta quanto il *cosa*. Sia per conquistare l'attenzione del pubblico e far sì che legga o ascolti, sia per costruire efficacia: far capire, far ricordare, comunicare i significati e creare sensazioni. Scegliere uno stile originale aiuta sicuramente a farsi notare (quante sono, per esempio, le aziende "giovani e dinamiche" di cui avete letto nei siti web? Dire quello che dicono tutti gli altri significa non risaltare e, in sostanza, non comunicare nulla).

Nel linguaggio, sia quello scritto sia quello parlato, la lunghezza delle frasi, la scelta delle parole, il suono stesso dei termini possono rafforzare quanto stiamo dicendo. Per esempio, utilizzare frasi brevi aumenta il ritmo della lettura e può essere una buona scelta anche per comunicare urgenza oppure dinamismo. Le parole con un suono più morbido offrono un effetto più rilassante (ecco perché, se stiamo parlando di crociere, di spa, di vacanze o di sapori ricercati, useremo meno "r" e più "l").

Scrivere è scegliere

Ogni volta che si scrive, si effettuano tantissime scelte. In fase di pre-scrittura si sceglie cosa dire, che tono usare (ad esempio divertente, ironico, serio, istituzionale, informativo, documentaristico), che lunghezza o durata devono avere i testi, da cosa partire e dove arrivare. Nella seconda fase si sceglie come dirlo, con che parole.

La strada migliore è quella di scrivere la prima versione del testo badando soprattutto agli argomenti, senza prestare attenzione alla forma. Avremo così la base su cui lavorare: un testo da cui partire, a cui aggiungere una prima frase che sia interessante e catturi l'attenzione e un finale che fornisca l'ultima indicazione: cosa è importante che rimanga in testa al lettore. A quel punto, si può cominciare a lavorare per sintesi, a togliere ciò che non è indispensabile, a scegliere e sostituire le parole più adatte, a cercare di dare ritmo al testo con la costruzione delle frasi.

Parole e cervello: un rapporto basato sull'immaginazione. Vale più un'immagine di mille parole?

Quando si parla di scrittura si parla di parole. E quindi è interessante considerare come le recepisce il nostro cervello. Per esempio, si dice che le immagini comunichino meglio delle parole, ma spesso ci si dimentica di una cosa importante: le parole sono immagini. E ne evocano.

Prima di tutto, perché il nostro cervello recepisce molte parole trasformandole nelle immagini che rappresentano. La parola "casa" non viene recepita come un insieme di quattro lettere, ma come l'immagine di una casa. Non solo. Se leggiamo o sentiamo raccontare qualcosa il cervello lo recepisce come immagini, statiche o in movimento, e in molti casi lo racchiude nella nostra esperienza come se fosse una cosa vissuta e non semplicemente letta o ascoltata.

Per esempio, se leggiamo di un albero, al margine di un bosco, e di un bambino che su quell'albero si sta arrampicando, non vediamo una serie di vocali e consonanti, ma un vero e proprio video, il piccolo film di un bambino intento a scalare un albero. Con un valore in più: ognuno di noi personalizza la scena. Per ognuno sono diversi l'albero, il bambino, il bosco, la strada vicina, la stagione, il cielo e così via. E, in questo modo, rendendola più soggettiva, la capiamo e la ricordiamo meglio.

Leggere, ascoltare, fare

Un'altra cosa interessante è che quando ci narrano di qualcuno che sta facendo qualcosa, per esempio correndo, il nostro cervello attiva alcune aree che sono preposte al movimento. Esagerando si potrebbe dire che è, in qualche modo, convinto che a correre siamo noi. E inserisce l'intera azione nella nostra memoria come se fosse un'esperienza diretta, permettendoci di averne un ricordo più vivido e duraturo.

Tenere in considerazione questi meccanismi quando scriviamo è molto utile, perché ci permette di trasmettere le informazioni e gli argomenti in modo molto più efficace. Avere la cura, soprattutto quando stiamo trasmettendo informazioni complesse, di scegliere le parole e la narrazione in modo da suggerire immagini significa facilitare la comprensione e agevolare il ricordo. E assicura un maggiore coinvolgimento da parte del lettore.

Mettere in fila le parole. Suggerimenti di copywriting

Ci sono alcuni suggerimenti utili e semplici. Di quelli che non è difficile far propri. Piccole cose che, però, possono rendere ogni testo più fluido, più efficace, più chiaro.

Eccone alcuni.

Una passeggiata a parole

L'ideale è sempre costruire un testo come se fosse un percorso, in cui un passo porta a quello successivo, in cui ogni frase aiuta ad arrivare a quella seguente. In modo fluido.

Leggere un testo o ascoltare impegna diversamente il cervello e quindi non si scrive come si parla, ma si accompagna il lettore un passo alla volta, senza salti.

Scrivere è rileggere

Una volta terminata la stesura di un testo, inizia una parte fondamentale: rileggere.

Mentre scriviamo, infatti, ci sembra sempre tutto chiaro e consequenziale. Ma, se proviamo a rileggere, specialmente se lo facciamo immaginando di non sapere di cosa parla il testo, ecco che troveremo facilmente dove qualcosa non quadra: un concetto espresso in modo vago o non completo, una frase che non collega bene due periodi, un passaggio saltato che rende più difficile la comprensione.

La semplicità aiuta sempre

Quando si scrive una poesia, si può anche decidere di essere ermetici. Quando si scrive un testo che dev'essere letto e compreso, è molto importante scegliere uno stile fluido e affidarsi a frasi semplici, con poche secondarie, non troppo lunghe, senza costruzioni complesse o troppi paroloni.

Semplice non significa banale, naturalmente. La scelta delle parole e l'attenzione al ritmo delle frasi rende interessante qualsiasi argomento e permette al lettore di seguire meglio e capire di più. La scrittura è un'operazione di semplificazione, non di aggiunta.

Più o meno
Girare ogni frase al positivo (il più possibile) aiuta a infondere entusiasmo nel lettore, che seguirà con più energia e concentrazione il testo.

Evitare i luoghi comuni
Usare frasi fatte o modi di dire è un'abitudine da limitare il più possibile. Sia perché ogni modo di dire rischia di rifarsi a un uso troppo personale e, quindi, potrebbe sviare al posto che aiutare a capire, sia perché le formulazioni troppo comuni non producono un significato legato a ciò di cui si sta parlando, ma a generici argomenti legati a quelle espressioni.

Chiedere per dare risposte

Un buon suggerimento è quello di usare qualche domanda all'interno del testo, per coinvolgere il lettore. Fornendogli anche le risposte, se è il caso, ma portandolo a pensare alla sua posizione e alle sue opinioni. Anche l'utilizzo di una domanda all'inizio di un testo può offrire dei vantaggi: introduce il lettore all'argomento affidandogli un ruolo non passivo, stimola la curiosità, costituisce un punto di partenza di quel percorso che sarà costituito dal testo stesso.

Coerenze

Alcuni errori comuni da evitare sono i cambi di persona (ad esempio usando il "tu" e poi passando al "voi", oppure passando dall'impersonale al personale), i cambi di tempo (si parte col passato e si arriva al presente, per esempio), l'uso di troppi aggettivi, l'abuso di avverbi.

RIEPILOGO DEL CAPITOLO 3:

- SEGRETO n. 1: distinguiti tramite la tua voce, fanne uno strumento efficace e differenziante.
- SEGRETO n. 2: allena le strategie per parlare davanti al tuo pubblico.
- SEGRETO n. 3: parti dal tuo perché, gestisci lo stress e la respirazione.
- SEGRETO n. 4: padroneggia postura, sguardo, scaletta di presentazione dei contenuti.
- SEGRETO n. 5: esercita l'attitudine al copywriting; usa parole che suggeriscono immagini o poni domande per coinvolgere il lettore.

Capitolo 4:
Come diventare imprenditore di te stesso

4.1 L'angle di colleghi eccellenti

Siamo arrivati al terzo e ultimo passo del nostro *Metodo a* "$\perp$",
ovvero mantenere la verticalità con il giusto mindset: essere
imprenditori di noi stessi.

La maggior parte delle persone non è imprenditore nato. Alcuni
diventano imprenditori spinti dalla propria visione, che si traduce
in forza motrice. Altri semplicemente perché non percepiscono se
stessi come adatti o adattabili in nessun altro contesto.

Io credo che di base ci sia sempre un ingrediente magico che ci
ispira a diventare imprenditori.

> *"Entrepreneurship comes from innovation, innovation comes
> from creativity, creativity comes from doing what you love."*
> (Akiane Kramarik, *Child Prodigy* https://youtu.be/11z9aGw_iEs)

Non c'è affermazione più vera. Concorderai, ne sono certa.

Dalla passione per ciò che facciamo troviamo le soluzioni alle difficoltà ed elaboriamo nuove strade, nuovi progetti. Credo che la mia personale "dedizione all'ostinazione", a non scoraggiarsi, a tenere duro arrivi dalla mia propensione nei confronti della musicalità, del gesto, dagli insegnamenti e dalla disciplina che hanno fatto parte di me e mi hanno formata in circa vent'anni di danza classica, il sudore, la costanza, cadere e rialzarsi, riprovare, continuare, mai fermarsi.

Sono certa che anche tu come me troverai nel tuo percorso una certa propensione alla musicalità, magari a suonare uno strumento. Per me è stato il pianoforte, sono stata una delle rare "giovani attrazioni" che suonava senza spartito durante i saggi alla scuola di musica. Ma come sai bene, le mani, le dita imparano a muoversi da sole se le lasci andare.

Ricordo che iniziai inglese alle elementari, all'epoca (parliamo degli anni Ottanta) era eccezionale, si trattava di un corso sperimentale al pomeriggio. Il professore continuava a citarmi come esempio alla classe: "Guardate Clizia, chiedete a lei come fa!". Devo dire che penso che alcuni mi abbiano per certi versi anche un po' odiata, ma io non sapevo realmente da dove arrivasse la facilità con cui imparavo, ricordavo, riproducevo esattamente i suoni di una lingua mai sentita. Ricordo di aver dato solo in un secondo momento un senso ai testi delle canzoni che ripetevo fedelmente sin da molto piccola con i dischi a 45 giri... e ricordo ancora adesso tutti i testi delle canzoni della mia cantante preferita in adolescenza, che era Madonna, se ci penso una figura caparbia e decisamente creativa, che ha saputo reinventarsi molte volte. Nel tempo, di pari passo con la mia evoluzione, l'interesse musicale si è orientato altrove, ma credo di poter affermare che per me lei e il suo modo di essere siano stati per certi versi di ispirazione.

La danza mi ha accompagnata invece sempre ed è una componente che ancora oggi sento fortemente in me e che ha saputo mantenere viva la mia parte artistica-creativa. Riconfigurare progetti nel mio lavoro e ripartire anche quando sembrano non esserci spunti credo sia un'abilità che si apprende ed io credo di poter dire di averla respirata per tanti anni nella danza, dalla mia maestra, dalle mie compagne che ancora oggi fanno parte dei miei affetti e che sono state determinanti nella mia crescita e in quel che sono oggi.

Quindi, veramente, il mio messaggio è non scoraggiarti, sii creativa, trova soluzioni con il tuo intuito unico, che è solo tuo. Ciò che la mente può concepire e credere, può anche raggiungere.

Ce ne parla e ce lo dimostra il collega Matteo Verna (https://www.linkedin.com/in/matteo-verna-89375a27) che ho contattato e conosciuto tramite LinkedIn e che ha elaborato per me e per te quello che trovi qui di seguito.

Il libero professionista, imprenditore di se stesso. La passione che diventa professione

Che fine fanno i nostri sogni da bambini? A volte me lo chiedo e cerco di ripercorrere alcuni passi del mio trascorso. Sognavo di viaggiare, di conoscere nuovi paesi, ma soprattutto di vivere fisicamente in altre realtà fuori dall'Italia. Non so spiegare da dove sia nata questa "passione" che non era evasione fine a se stessa, ma desiderio di ricchezza umana data dalla conoscenza di nuove culture, lingue e abitudini. Un desiderio forte di partire e scoprire.

Sono nato e cresciuto in una delle migliori regioni italiane per qualità della vita, la Romagna, dove la realtà è a misura d'uomo: mare, colline, pianure, città d'arte, gastronomia eccellente, ospitalità, turismo, industria, agricoltura, servizi, sport... È infatti l'area geografica italiana che storicamente ha avuto meno migrazioni verso altri paesi o regioni ("Non vado via dalla Romagna, perché qui si sta bene!").

La mentalità romagnola la considero una medaglia a due facce: aperta e chiusa allo stesso tempo, ospitale con chi vi entra e allo stesso tempo restia alla scoperta del mondo fuori dai confini.

Forse per dimostrare a me stesso che è possibile cambiare, adattarsi ad altri contesti e che il futuro non è una strada a senso unico, ho sempre cercato di crearmi delle occasioni e opportunità per aprire gli orizzonti.

Ho lavorato (e tutt'ora lavoro) nel sociale e nel volontariato, e questo mi ha portato a vivere per due anni a Milano all'età di vent'anni, a contatto con i minorenni "difficili" in un istituto di rieducazione e, successivamente, appena sposato, la vita mi ha portato a formare una famiglia in Brasile, dove ho vissuto per oltre dieci anni e cresciuto cinque figli, lavorando nell'ambito di istruzione, educazione, arte e imprenditorialità, entrando in contatto con tutti gli strati sociali, da quelli istituzionali della moderna capitale Brasilia a quelli più umili.

In me si fondono un'anima tecnica (concreta, pratica) e una artistica (la musica) e questa è sempre stata una gran fortuna:

conciliare l'animo del sognatore alla vita con i piedi per terra.

Mi permetto qui di seguito di trattare alcuni temi che mi stanno a cuore, frutto di riflessioni che ho elaborato in questi anni sul mondo del lavoro e nello specifico della libera professione. Li propongo in veste di piccoli suggerimenti, con un occhio di riguardo alla categoria di traduttori, interpreti, mediatori e consulenti linguistici, e tutti coloro che della conoscenza delle lingue e delle culture straniere hanno fatto una libera professione. Lo farò come se fosse una piacevole, e spero utile, chiacchierata.

La "vocazione lavorativa"

Da un po' di tempo penso che ciascun essere umano abbia una vocazione lavorativa, e che sia un grave errore trascurarla. L'equazione più semplice è determinare quale delle tue passioni può diventare il tuo mestiere o la tua professione. Non esistono uomini o donne senza passioni, tutti ne hanno una o più di una.

Quando non si è più stimolati a ricercare questa passione succede che ci si adatta a lavorare con quello che offrono il mercato o il territorio, ci si gratifica per lo stipendio o "ci si fa piacere" ciò che si fa. Questo spesso è controproducente e frustrante, visto che buona parte della giornata la si passa al lavoro e che tutti vorrebbero vivere serenamente questo lasso di tempo, faticando sì, ma per qualcosa che ci dà gusto.

Il lavoratore autonomo dovrebbe essere l'esempio ideale di chi ha scelto fra le sue passioni quella che poi diventerà la sua professione.

Il libero professionista che non sa di esserlo

Molti commettono l'errore di non considerarsi dei veri e propri liberi professionisti, reputando la partita Iva soltanto uno strumento per poter lavorare. Vi sono lavoratori autonomi, infatti, che prestano servizio a un unico cliente, e sono da questi considerati alla stregua di dipendenti. Loro stessi si percepiscono così, e non come liberi professionisti che apportano un servizio al cliente.

Questo atteggiamento, che io definirei confuso, nasce da una mancata riflessione iniziale: cosa vuoi essere? Un lavoratore dipendente o un libero professionista?

Qualsiasi lavoratore autonomo dovrebbe avere una propria identità ed essere riconoscibile, che faccia l'imbianchino, l'elettricista, l'avvocato, il commercialista, il chitarrista, il piastrellista o lo psicologo.

Se lavorerà bene si comincerà a parlare di lui: "Lo conosco, contattalo, è un po' caro ma lavora bene, sa il fatto suo". Un piccolo brand a tutti gli effetti, magari a dimensione cittadina. Anche il traduttore e l'interprete dovrebbero avere questa consapevolezza e agire di conseguenza, purtroppo questo non è sempre scontato.

I consiglieri sbagliati

A volte amici, parenti, professionisti navigati, puntano a dissuaderti e a metterti eccessivamente in guardia su tutti gli ostacoli, gli insuccessi, i possibili fallimenti a cui la tua carriera lavorativa può andare incontro, soprattutto se di carriera autonoma si tratta. Quanti "Lascia perdere..." oppure "Guarda, per me non sei adatto..." o ancora "Ma non è meglio lavorare come dipendente?" ti è capitato di ascoltare? E magari è capitato anche di lasciarti influenzare.

In realtà, spesso costoro commettono l'errore di reputare le loro esperienze, i loro percorsi e i loro insuccessi come un riferimento assoluto, con eccessivo egocentrismo, come se fossero le uniche strade percorribili. Manca l'umiltà di immaginare che qualcuno possa essere più in gamba, più originale, che possa intraprendere percorsi alternativi e superare quegli ostacoli che per loro sono stati una barriera insormontabile.

Visto che siamo tutti diversi, magari tu ce la puoi fare, perché no? Fa' attenzione a come interpretare i consigli (e i consiglieri) negativi, soprattutto se sei all'inizio della carriera, e fa' tesoro di quei pochi "consiglieri propositivi" che incontrerai, che ti stimoleranno a fare nuovi passi, ad alzare l'asticella, che ti inviteranno a mettere a frutto le tue capacità e seguire le tue inclinazioni, senza troppe remore. Ricordati il vecchio detto: "Le idee spaventano chi non ne ha".

Il timore di farsi conoscere
Interrompere la promozione di se stessi quando il lavoro abbonda. Questo errore è molto frequente.

Poi, quando il lavoro scarseggia e il tempo libero avanza, senti improvvisamente l'urgenza di metterti a testa bassa a intensificare la tua promozione, affannato dalla necessità di fare ripartire il lavoro, non è così?

Fai un passo indietro. Dedica un po' di tempo a capire come e con quali canali promuoverti, innanzitutto, per poi farlo costantemente, ricordandoti che anche la ricerca dei clienti è "lavoro" a tutti gli effetti.

Molti liberi professionisti sono eccellenti nel loro ambito ma molto timidi quando si tratta di promuoversi, rendendosi praticamente invisibili nel mercato.

Da dove partire e a cosa bisogna stare attenti? Molti traduttori e interpreti delegano a terzi, nella fattispecie alle agenzie, il compito di captare il lavoro. Succede quindi che il traduttore ottenga il servizio, ma non il cliente, giusto premio per le agenzie che hanno investito in marketing e puntato sulla visibilità e vedono riconosciuto il loro sforzo con l'aumento del loro portfolio.

Questa dinamica personalmente la definisco "a spirale" (...verso il basso): il professionista si trova in balia dell'andamento nel mercato delle agenzie stesse, come se ne fosse un'estensione, con il rischio di scivolare, ovvero trovarsi senza lavoro da un momento all'altro o a tariffe ribassate.

A lungo andare al professionista mancherà l'allenamento a cercare e trovare clienti diretti a cui fornire il proprio servizio senza intermediari (percorso più faticoso, ma più consono alle caratteristiche della libera professione) rischiando di farsi trovare impreparato nei momenti di crisi dei suoi procacciatori di lavoro.

Non vendere illusioni

L'atteggiamento opposto dei timidi e degli indecisi sono gli spavaldi.

La spavalderia è un atteggiamento controproducente che è sempre dietro l'angolo, a piccole o grandi dosi. È bene innanzitutto avere molto rispetto per i clienti e per la loro disponibilità economica, essere chiari su che tipo di consulenza si vuole proporre e fino a che punto si può arrivare. Questo nasce dall'ascoltare e capire bene le esigenze del cliente, trovare soluzioni giuste e percorribili, e non vendere illusioni. Questa onestà, in un modo o nell'altro, premia sempre.

Chiarezza significa anche utilizzare un linguaggio comprensibile e adatto alle orecchie del cliente, il quale spesso non conosce la terminologia del professionista, ma ha necessità di capire terra terra.

Evita di vantarti di successi, anche effettivamente ottenuti, ma presentali e illustrali in modo discreto e costruttivo agli occhi del potenziale cliente. Ricordati che sarai valutato anche empaticamente.

Vi sono consulenti o liberi professionisti abili a vendere "aria fritta" o un'immagine gonfiata del loro lavoro, senza veri contenuti. Potresti essere confuso con uno di questi, mentre devi puntare a essere la persona giusta per l'esigenza del momento. Non temere di scadere di livello se ti proponi con un profilo basso ma consapevole dei propri mezzi. Alla lunga, sarai considerato affidabile e non un ciarlatano.

Le regole del gioco
Oggi vi sono delle professioni autonome con dei confini abbastanza definiti, anche a livello economico, specialmente fra quelle per cui è richiesta l'iscrizione a un albo.
Vi sono altre libere professioni in cui si possono cimentare in tanti, spesso anche acquisendo esperienze e competenze direttamente nel mondo del lavoro, senza per forza avere un background universitario. In questo universo si possono incontrare servizi simili o identici a tariffe molto diverse, quindi è bene essere informati e "capire" come gira il mercato.

Un libero professionista non deve mai fare l'errore di "subire" le tariffe o farsi fare addirittura l'offerta dal cliente, il quale tenterà sempre di trarre le condizioni più vantaggiose per se stesso e tenterà di inibirti appena si renderà conto di trovarsi davanti una persona incerta e insicura.

Come fornitore, abituati a elaborare la tua offerta, informati e determina quanto vale il tuo servizio, sii cosciente del tuo valore e stabilisci il costo. Se il cliente non accetta il tuo preventivo non ti crucciare più di tanto, probabilmente non dovevate collaborare (...per il tuo bene, principalmente) ma soprattutto non pensare di essere fuori mercato, perché è la prima cosa che lui tenterà di farti credere.

Accettare i cambiamenti e cogliere le opportunità
Il mondo del lavoro cambia. Il mondo stesso, in senso più ampio, cambia di continuo e velocemente.
Il libero professionista, per sua natura incline a specializzarsi, fisiologicamente tende a fossilizzarsi sul proprio modus operandi ("Ho sempre fatto così, perché devo cambiare?"). Il fatto che il mondo cambi, però, può portare dei vantaggi importanti, non solo

degli sconvolgimenti. In genere si aprono necessità nuove, mercati nuovi, bisogni fino a ieri inesistenti.

Pensiamo solamente a due fattori: la necessità delle aziende di internazionalizzarsi e i flussi migratori. Si aprono prospettive di lavoro molto interessanti per chi parla più lingue straniere, nell'industria, nel sociale o nella comunicazione in generale. Servono competenze e conoscenze linguistiche e culturali.

Per i più dinamici si possono aprire prospettive di lavoro interessanti e ben remunerate all'estero, in aree geografiche che hanno necessità di personale qualificato.
Il lavoratore autonomo è quindi come un precario che ha scelto di esserlo perché in questa dimensione meno vincolante si ritaglia sempre la possibilità di scoprire nuove strade da percorrere e nuove sfide da affrontare.

Un vero lavoratore autonomo non sognerà mai di lavorare come dipendente.

Parlare male di colleghi o concorrenti
Evita di parlare male di colleghi o concorrenti (a volte i due profili

corrispondono). Al contrario, tieni presente colleghi di cui parlare bene e da indicare a terzi per eventuali servizi. Farai un grande favore ai tuoi clienti, perché magari gli risolverai un problema.

Non cadere nel tranello di pensare di trarre dei vantaggi professionali dal "buttare giù" un collega, un'agenzia o un altro libero professionista, per quanto tu lo faccia con l'intento di mettere in guardia un tuo potenziale cliente. Spesso questi atteggiamenti vengono interpretati come conflitti che tu stesso hai vissuto con la persona in questione, e al cliente rimarrà sempre il dubbio su quale campana sarebbe stato meglio ascoltare, anche se apparentemente vorrà darti ragione.

Un libero professionista deve trasmettere al cliente competenza, ma aggiungerei anche un po' di sana diplomazia. Dare un'immagine conflittuale di sé, tendente alla polemica facile, non è mai un buon biglietto da visita. Attento quindi anche alle parole che usi su mezzi come Facebook o LinkedIn, sia che si tratti di profili personali o pagine professionali, perché contribuiscono comunque a dare un'immagine di te.

I progetti hanno un inizio e una fine

I progetti hanno un inizio e una fine, bisogna farsene una ragione. Estremizzando l'esempio, è impensabile che un imbianchino lavori tutta la vita per tre o quattro clienti che ogni anno ripetutamente gli fanno tinteggiare le stesse pareti della stessa casa. Cosi come è altrettanto improbabile (ma non impossibile...) che un cliente abbia bisogno di un libero professionista altamente specializzato con regolare continuità.

Quanto più è specifico il tuo lavoro, quanto più i servizi saranno collegati a esigenze circoscritte. Questo vuol dire non consolidare il cliente o non fare tesoro del lavoro svolto? No, perché comunque il tuo cliente potrebbe sempre proporti ad altri e i ritorni potrebbero essere in ogni caso sempre costanti e frequenti.

Darsi delle regole, ma interpretare le situazioni

Ho sempre pensato che le regole nella vita aiutino. Nel lavoro, come nella vita sociale. Fare un po' di ordine aiuta anche ad affrontare al meglio le giornate. Quindi anche il libero professionista dovrebbe stabilire una linea di condotta che lo aiuti a gestire il lavoro, a coordinare tempo libero, famiglia, hobby...

Ma l'universo che ruota attorno a noi non segue i nostri piani, quindi spesso le cose vanno in modo diverso e le eccezioni sono all'ordine del giorno. Il difficile viene quando devi fare delle scelte lavorative la cui lettura non è affatto semplice.

Alcuni dubbi per un libero professionista possono riguardare:

- etica o morale sul lavoro, con clienti, colleghi e fornitori;
- punto limite per tollerare dei compromessi;
- vantaggi e svantaggi economici nell'acquisire un servizio;
- opportunità o meno di fare molto di più rispetto al servizio pattuito;
- lavorare in giorni, orari, condizioni eccessive (notti, festivi) per mantenere il cliente;
- valutare i ritorni (di immagine, pubblicità, ecc....) che si possono avere con un determinato cliente, anche se non economicamente interessanti.

In genere non si tratta di essere rigidi o flessibili, coerenti o incoerenti, una volta che ci si è dati alcuni parametri. Il difficile è saper "tradurre" le situazioni e fare la scelta più opportuna e sensata in un determinato momento, e questa sensibilità in genere la si acquisisce con un po' di esperienza.

Matteo Verna

Libero professionista, nato nel 1971, ha vissuto e lavorato per oltre dieci anni a Brasilia, in Brasile, dove ha fondato l'AADB, Istituto sperimentale di formazione orientato alle tradizionali discipline artistiche italiane, di cui è stato direttore, docente e sviluppatore di start-up.

Dal 2008 in Italia, si occupa di progetti che coinvolgono l'Italia e il Brasile, specializzandosi in due linee di servizi: l'internazionalizzazione d'impresa e le consulenze linguistiche in lingua portoghese.

L'internazionalizzazione, con un approccio e un taglio estremamente concreto, lo ha portato ad assistere diverse aziende nelle strategie di ingresso al mercato brasiliano e sudamericano, con analisi e studi su prodotto e mercato, incarichi di direzione aziendale, gestione delle relazioni con i clienti e progetti di comunicazione efficace in lingua portoghese e spagnola.

Ha realizzato progetti per oltre cinquanta aziende con frequenti periodi di lavoro all'estero, principalmente in Brasile, Messico, Perù, Cile, Paraguay, Colombia e Argentina. Come consulente linguistico collabora con alcuni brand rappresentanti del Made in Italy nel mondo, oltre che con programmi televisivi, studi legali, aziende, associazioni di categoria italiane e brasiliane, erogando servizi di traduzione, interpretazione e comunicazione integrata in portoghese e spagnolo.

Di seguito ora ti riporto il link all'intervista completa http://bit.ly/RisorseGratis e a seguire il transcript dell'intervista audio al collega Maurizio Boni (https://www.linkedin.com/in/maurizioboni).

"Io sono Maurizio Boni, sono nato [..] 49 anni fa a Isernia, in pieno Molise; i miei genitori erano emigrati al contrario, cioè lavoravano in un'azienda emiliana che li ha mandati a lavorare nel Mezzogiorno, io sono nato lì e abbiamo vissuto in Molise, poi nelle Marche, poi in Emilia, poi sono finito a studiare alla facoltà per interpreti a Trieste, dopo di che ancora un po' di Emilia.

Durante gli anni in Emilia ho fatto un po' di Belgio, un po' di Inghilterra, e tra Trieste e subito post-Trieste ho fatto quasi un anno negli Stati Uniti, dopo di che, appassionatissimo di finanza e di economia – tra l'altro vengo da ragioneria, *incredibile* – ho fatto il mio master in Business Administration alla Bocconi e con questo ho concluso la mia formazione, senza dimenticare i vari certificati della Camera di Commercio britannica, o quelli per entrare eventualmente al college in America, tutti i vari esami del British Council ecc.

Due parole sulla mia esperienza. Chiaramente è impossibile racchiudere venticinque anni – quest'anno – in pochi minuti, a occhio e croce [...] sono sulle 4600-4700 giornate di interpretariato quasi esclusivamente simultaneo perché ho deciso di super-specializzarmi lasciando stare le trattative, che però ricordo con grandissimo piacere perché i primi due anni è normale che, per entrare sul mercato, le agenzie o anche i clienti ti offrano delle trattative.

Mi hanno fatto conoscere tantissimo, centinaia di realtà industriali, agricole, del terziario più o meno avanzato, quindi una panoramica enorme; dopo di che un po' per caso, un po' per l'esperienza maturata, le stesse agenzie hanno cominciato a offrirmi delle simultanee, le simultanee portano a piccoli convegni, i piccoli convegni portano a grandi convegni, si incontrano degli interpreti di carattere internazionale e da lì non mi sono francamente più fermato, arrivando a questo mio record personale che credo sia anche record italiano, ma poco importa, di 298 interpretariati simultanei nel 2016.

Ero già arrivato vicino a questo numero nel 2015 anche grazie all'Expo di Milano. Credo sia un risultato incredibile, non avrei mai immaginato un mercato del genere né di poterci arrivare, credo sia anche un risultato che rimarrà nel mio storico per sempre perché l'età avanza, magari si fa un pochino più fatica a viaggiare, e a parte questo con tutto il rispetto la concorrenza è sempre più agguerrita.

È giusto che ci siano interpreti sempre migliori in sempre più aree d'Italia ed è vero che molti lavori prevedono, per discorsi di budget o personali, degli interpreti che siano residenti sempre più vicini ai posti in cui si lavora, e questo vuol dire che chi viaggiava molto e viaggia ancora molto come me probabilmente deve fare un piccolo passo indietro, sempre che non voglia invece puntare sulla carriera internazionale, delle grandi organizzazioni internazionali; questa è una cosa che non mi interessa, io sono italiano, voglio lavorare in Italia, che comunque ci dà delle grandi opportunità, ho la famiglia qui e non ho mai preso in esame l'idea di trasferirmi all'estero.

Mi chiedi anche delle peripezie, una cosa molto bella infatti, […] ne avrei centinaia. Domande assurde da parte del pubblico, inglese a volte assolutamente incomprensibile da parte non tanto degli oratori ma di persone sedute appunto fra il pubblico che non riescono a esprimersi, piccole figure imbarazzanti con dei qui pro quo quando i relatori o il pubblico pronunciano male dei termini, che cambiano completamente il significato fino ad arrivare all'insulto oppure alla volgarità in una delle lingue del congresso; tantissimi episodi di pura follia e simpatia da parte del pubblico, il quale chiede di tutto agli interpreti – l'importante è prenderla sempre con un sorriso.

Vengono a metà lavoro chiedendoci di tenere i cappotti, le pellicce, di caricare i cellulari mentre siamo in diretta televisiva, ci chiedono se possiamo portare caffè e pasticcini ai relatori della quinta fila; […] abbiamo tradotto dei contestatori molto simpatici ma anche molto imbarazzanti perché, insomma, bisogna tradurre tutto e tutti, e quando la persona che prende in mano il microfono – purtroppo capita in questa vita – ha dei seri problemi mentali si creano delle situazioni di grande imbarazzo perché non tradurre non si può, tradurre con la stessa follia di chi parla ci risulta difficile.

Ma anche la gestione di contestazioni sonore da parte del pubblico, l'aiuto psicologico a relatori obbligati a parlare ma che non se la sarebbero sentita, per cui svenimenti pre- e post-presentazioni; inghippi tecnologici in location che hanno venduto servizi che sapevano di non essere in grado di far funzionare, per cui l'interprete è visto, come sempre, come parafulmine, così in alcuni casi il computer, il power point che non va, la corrente elettrica che salta e la colpa è dell'interprete.

[…] Siamo degli intermediari, discorso lungo che poi conosci bene anche tu, quando c'è qualcosa che non va per la gente è sempre colpa dell'interprete, questo meriterebbe un capitolo intero ma non ti racconto nient'altro in questo momento.

[…] La cosa più simpatica è stata questa: traduzione in over-sound quindi sala con il pubblico seduto, oratore americano che parla al microfono, il microfono però lo sentiamo solamente noi interpreti in cuffia, quindi la voce dell'interprete viene diffusa direttamente in sala. […] Finisce la mezz'ora di presentazione. Il presidente italiano dal palco chiede: "Ci sono delle domande? Non preoccupatevi, potete farle sia in italiano che in inglese".

[…] Dopo le domande di alcune persone si alza questo signore romagnolo, si presenta e col microfono in mano, amplificato in tutta la sala, dice: "Posso fare una domanda?" e il Presidente risponde: "Sì, sì, certo". "Ecco scusi, Sig. Presidente, io vorrei fare questa domanda ma non ho capito una cosa: faccio prima la domanda io o la traduce prima l'interprete?"

[…] Gli errori e gli insegnamenti… Dunque, va da sé che sicuramente avrò fatto degli errori, sicuramente non ho fatto apposta a farli come nessuno di noi. […] Io credo di averne fatti due, che poi sono delle caratteristiche del mio carattere che adesso, dopo tanti anni di lavoro, e anche con l'età anagrafica che mi permette di dire quello che sto per dire, mi fa capire che avrei potuto agire diversamente.

Il primo errore è stato quello di non essere abbastanza convinto di voler fare l'interprete a inizio carriera. […] Se mai potessi vivere una seconda volta, subito dopo la laurea non investirei anni e anni come ho fatto io, molto passivamente, ad aspettare l'arrivo delle simultanee. Non mi sono certo annoiato, ho tradotto migliaia di manuali, di contratti, per cui terminologia, gestione di questi ordini, dei tempi, tutta la parte di fatturazione, un apprendimento continuo. Però vedendo quello che faccio adesso, cioè al 98% degli interpretariati al 100% simultanei, avrei forse dovuto prendere contatto prima con tante agenzie, fondamentalmente del nord Italia e qualcosa del centro Italia, Roma e Napoli, avrei dovuto mettere meno l'accento sulle traduzioni scritte che comunque non erano il mio sogno e avrei dovuto prendere contatto forse con dei gruppi di interpreti, gruppi nazionali o internazionali per fare un po' di pratica.

La pratica è arrivata lo stesso, le richieste sono arrivate lo stesso, però dopo alcuni anni di traduzione scritta. Quindi quando poi ho ripreso, anzi iniziato, a fare cabine, insomma mi ero un pochino raffreddato. [...] Ricordo la difficoltà di riprendere la tecnica di simultanea imparata all'università a Trieste.

[...] Gli approcci corretti e i consigli da dare ai giovani... Anche questo può sembrare scontato però [...] i consigli che vuole dare una persona della mia esperienza si basano su quello che ho visto, su quello che ho sentito. [...] Se io dovessi dare un consiglio ai giovani, sembra banale ma ci credo moltissimo perché manca moltissimo, invece è fondamentale, è la collaborazione.

[…] Capisco che collaborare può rappresentare delle sfide, a me piace il termine "sfida", non "problema", perché quando lavoro in cabina il modo di lavorare di un collega non è un problema, sono magari delle sfide che basta raccogliere con pazienza, ricordandosi sempre che il mondo ha bisogno di tantissima modestia. […] Se non c'è collaborazione non si evolve perché non si ascoltano soluzioni alternative date da altre persone. Io ho sempre investito in questa collaborazione, che a volte mi ha […] dato qualche delusione.

Dopo la delusione, ci si rialza, si capisce di aver dato fiducia a una persona che non la meritava, ma questo non vuol dire dovermi allontanare automaticamente dagli altri cinquanta o cento che conosco e con cui lavoro.

Sicuramente ai ragazzi direi che si fanno le cose insieme, quindi costituire dei gruppi, collaborare, passarsi dei lavori, perché è inutile sperare di notte che un cataclisma porti via come un'onda di tsunami tutti gli altri interpreti presenti sul territorio italiano, sappiamo benissimo che non arriverà. [...] Quindi invece di convivere con dei concorrenti, è meglio chiamare il concorrente in casa, offrire una tazza di tè e collaborare.

Il discorso tecnologia è molto interessante. La tecnologia per i traduttori è sicuramente una cosa sconvolgente, nel senso positivo, di incredibile aumento della produttività, io però sono poco traduttore. [...] Io dico sempre ai giovani che vent'anni fa, a parte la fatica di trovare la terminologia, a volte consegnavamo per forza di cose delle traduzioni alle agenzie o ai committenti con dei buchi, l'ho fatto pochissime volte e me le ricordo tutte, ma se il dizionario cartaceo non riportava quella traduzione e neanche la migliore e più rifornita biblioteca della città poteva aiutarti, ahimè bisognava consegnare la traduzione con un buco. Questo credo che oggi sia impossibile.

[...] Timore della tecnologia? Mai, sappiamo che la tecnologia andrà comunque avanti, ci sarà sempre qualcuno che proverà a vendere o comunque a creare qualcosa di nuovo e di diverso, per cui [...] è meglio tenere la mente elastica e aperta al cambiamento, [...] questa è una soft skill sempre più importante.

Io ho conosciuto Clizia per un discorso professionale, ricordo benissimo tutto il lavoro che hai fatto […] di project management, ovvero tutte le traduzioni che mi passavi, e certamente come ogni cliente l'interpretariato – tanto più simultaneo – non era e non sarà mai il core business di nessuno, perché comunque è un servizio complementare rispetto al business principale che erano, sono e saranno le traduzioni scritte, però ricordo anche con piacere l'organizzazione di qualche interpretariato.

In tutta franchezza, detto adesso, ti ho sempre percepita come una persona che secondo me avrebbe fatto un po' fatica a rimanere chiusa peraltro in una bella struttura che di sicuro ti ha messo davanti a tante opportunità, possibilità, sfide; il fatto di condividere progetti con i colleghi, gestire traduttori a distanza era ed è ancora, per chi lo fa, un bel lavoro, secondo me arricchente, però veramente in questo momento devo dire che a differenza di tanti altri project manager che sento in altri contesti, mi hai sempre dato l'impressione che tu facessi – ci mancherebbe – il tuo dovere e stessi bene – te lo auguro – lì dov'eri, ma ho sempre percepito in te una persona che aveva le ali per volare un po' più in alto.

Il secondo errore, insomma la cosa che farei diversamente in questo momento è fondamentalmente collegata alla prima, nel senso che in questi anni mi è mancato il supporto dei colleghi – sto per dire una cosa che sembra scontata, però per me non lo era – e cioè che io ho sempre creduto molto nel gruppo, nella collaborazione, nella cooperazione.

[...] Avrei dovuto fin dall'inizio costituire un gruppo un pochino più formale rispetto a quello che ho comunque costituito in modo informale, perché poi alla fine ci chiamiamo o meglio chiamo, contatto sempre le stesse persone, quelle di cui mi fido, quelle con cui c'è feeling, quelle che lavorano bene, e questo mi porta dopo più di vent'anni ad avere un bel gruppo di persone su cui contare.

Avrei potuto farlo un pochino prima, formalizzando appena un po' questo gruppo ci saremmo forse presentati un pochino meglio nei confronti delle agenzie e dei clienti diretti.

Mi chiedi anche i traguardi, secondo me in questo lavoro non si è mai arrivati, francamente questa è la cosa sia più bella che più "challenging" di questo lavoro, perché cambia ogni singolo giorno, perché è bello imparare sempre qualcosa di nuovo. [...] Si lavora diversamente nelle varie regioni d'Italia, i clienti hanno aspettative molto diverse nei confronti degli interpreti […] a seconda delle regioni in cui vai, delle città, delle realtà più o meno industriali, più o meno agricole, più o meno evolute ci sono delle aspettative completamente diverse. Aspettative che cambiano anche a causa di esperienze che questi clienti hanno avuto nel passato.

[…] Questo mestiere che in Italia non è regolamentato come dovrebbe, ahimè, permette a persone di ogni genere di provare a spacciarsi per interpreti. Queste persone riescono purtroppo a invadere il mercato con delle tariffe molto basse e invogliano i clienti, i quali rimangono decisamente delusi dal livello che trovano in queste persone; questo rende la vita di noi interpreti professionisti un pochino più difficile. […]"

L'ultimo angle da colleghi eccellenti che desidero offrirti arriva da Mariolina Brenna (https://www.linkedin.com/in/mariolina-brenna) Qui trovi il link all'audio dell'intervista
http://bit.ly/RisorseGratis
"Mi chiamo Mariolina Brenna, […] ho 53 anni, ormai lavoro come interprete, traduttrice e insegnante da trent'anni, dal 1988 con più o meno successo a seconda degli anni e a seconda dei periodi storici. […] Io ho studiato alla scuola interpreti di Milano, la Silvio

Pellico, perché a quei tempi le scelte erano o la Silvio Pellico o Trieste, e la scelta di non andare a Trieste era semplicemente perché i miei genitori ai tempi non potevano permettersi di mandarmi a Trieste.

[…] Io ho due diplomi, uno come interprete e come traduttore simultaneista, e ho poi anche una laurea in Lingue perché il curriculum formativo ai miei tempi prevedeva che potessi accedere al terzo anno allo IULM e così ho fatto. […] Questo mi avrebbe permesso di poter anche insegnare, cosa che non ho mai fatto perché la mia idea non era quella di fare l'insegnante […] a scuola o in un liceo. Naturalmente, come molti di noi, ho tutte le certificazioni del caso, la Sorbonne, il TOEFL […] – fatti ai tempi per attestare le mie conoscenze della lingua – mesi e periodi trascorsi all'estero.

[…] Secondo me la formazione di un buon traduttore, di un buon interprete dev'essere continua, cioè non basta quello che io ho fatto trent'anni fa ma periodicamente uno si deve comunque aggiornare, sia dal punto di vista terminologico e di contenuti, ma anche dal punto di vista tecnologico, perché altrimenti rimani tagliato fuori.

Io ho cominciato la mia carriera all'inizio come hostess, diciamo così; per la parte delle traduzioni ai tempi bisognava essere "al momento giusto nel posto giusto", per cui io mi sono trovata a poter interagire con alcune agenzie in Brianza e ho sempre vissuto qui, per cui grazie al fatto di essere lì ho cominciato a lavorare per un periodo in un'agenzia sostituendo una collega che si era sposata, un altro periodo in un'altra agenzia per una collega che era in maternità, e quindi ho cominciato a lavorare come traduttrice direttamente sul campo.

Questo mi ha permesso chiaramente di poter instaurare, perlomeno all'inizio, un rapporto di collaborazione con queste agenzie che mi ha permesso di entrare sul mercato. Diciamo che all'inizio ho percorso la strada delle agenzie perché mi sembrava quella più semplice, e comunque trent'anni fa era un po' più facile, anche le agenzie avevano una buona presa sul mercato delle traduzioni.

Nel caso dell'interpretariato la strada è stata un po' diversa. Ho cominciato come hostess, come ti ho detto, perché avevo mia cugina che era già ai tempi vice primario in pediatria in un ospedale di Milano, e tramite lei ho avuto contatti con questi centri che organizzavano convegni e ho cominciato facendo la gavetta, quindi proprio come hostess, a preparare le borse, accogliere i medici, fare le diapositive in sala, però man mano, nel frattempo, io finivo la scuola interpreti e ho cominciato a fare qualche richiesta, dicendo: "Posso provare questa volta?", oppure all'ultimo momento è arrivato il relatore che si pensava parlasse italiano, non parlava italiano e alla fine l'ho fatto io.

Da lì mi si è aperto un mondo, che diciamo all'inizio era molto molto bello perché nella sanità giravano tantissimi soldi e quindi era facile poter lavorare, adesso un po' meno. Questo chiaramente però ha implicato da parte mia dover sobbarcarmi tutta una serie di formazioni specifiche perché io non sono medico. [...] Potrei avere qualcosa come 2500-3000 giornate di interpretariato al mio attivo e lavoro sia come simultaneista, che come consecutivista, che come interprete di trattativa, non mi sono preclusa nulla e lavoro con entrambe le lingue, inglese e francese.

[...] Di solito ogni interprete sceglie una lingua con cui lavorare perché il carico di lavoro è già sufficientemente importante. [...] Nessuno di noi interpreti può mai permettersi di avere una delle lingue che rimangano morte, questo vuol dire che se per qualsiasi motivo nel corso della sua vita dovesse passare uno, due o tre mesi senza poter lavorare, non può permetterselo perché vuol dire perdere completamente i meccanismi e le capacità di poter lavorare.

[…] Anche quando non lavori devi assolutamente tenerti attiva e quindi tradurre, il che vuol dire fare traduzioni a vista, il che vuol dire tradurre i telegiornali, il che vuol dire sentire materiale in inglese e in francese, il che vuol dire leggere in lingua, perché significa arricchire costantemente il tuo vocabolario e questo secondo me è un punto essenziale che spesso molti colleghi dimenticano.

Se consideriamo "errori" come errori fatti da me, io li distinguerei in errori sul lavoro o sull'approccio. Chiaramente non siamo delle macchine per cui a chiunque di noi è capitato di trovarsi in difficoltà a tradurre qualcosa. […] Il trucchetto è non far capire che tu stai sbagliando, questo è quello che un buon interprete riesce a fare, un buon interprete non può permettersi di stare zitto, un buon interprete deve comunque parlare e deve comunque dire qualcosa quindi questa è la capacità dell'interprete di eccellere.

[…] Un altro errore è molto spesso non essere presente quando vengono prese alcuni tipi di decisioni, quali le decisioni tecniche per cui tu ti trovi scaraventato in una situazione dove ti devi trarre d'impaccio semplicemente perché quelli che hanno preso le decisioni al posto tuo non erano in grado di prenderle.

[…] Un altro problema che merita di essere sottolineato […] è la non collaborazione da parte dei colleghi e il fatto che per i colleghi tu sei un concorrente, quindi se possono farti fuori lo fanno. […] Molto spesso i colleghi sono lì per fare le scarpe. Semplicemente tu dai fastidio perché lavori, quindi devono sempre cercare un modo per farti fuori. Quindi la collaborazione fra colleghi a livello di simultanea è veramente un'utopia, perché i colleghi non hanno nessun interesse a collaborare con te, anche se la simultanea si fa in due. […] I colleghi con cui ti trovi veramente bene, con cui puoi collaborare si contano sulle dita di una mano, ovvero i colleghi che puoi mandare al tuo posto senza poi rischiare di perdere i lavori.

[…] Molto spesso i colleghi pur di accaparrarsi il lavoro calano le braghe, soprattutto se non è il lavoro di una giornata e se chi offre il lavoro è un'agenzia molto quotata. Io mi sono posta dei limiti e ho deciso che al di sotto di certe tariffe non lavoro più, ho deciso che con alcuni colleghi non lavoro più perché ho avuto delle esperienze passate assolutamente non positive, […] cercare con quei due o tre colleghi con cui mi trovo molto bene di avere un rapporto anche al di là del lavoro, perché questa è l'unica cosa che ti permette di cementare un rapporto che non diventi di palese concorrenza.

Come tu sai, io ho fatto la scelta nella vita di fare anche l'insegnante, anche se in questo ambito, soprattutto alla scuola interpreti, mi sono trovata molto spesso ad avere a che fare con colleghe che alla fine non facevano esattamente quello che avrebbero dovuto fare, perché quelli che preparavamo sarebbero potuti diventare nostri concorrenti. Verissimo anche questo, ciò non toglie che se non li prepari tu li prepara qualcun altro. Quindi dal mio punto di vista assolutamente totale disponibilità a far entrare i giovani nel mondo del lavoro, aiutarli, almeno quelli meritevoli di diventare interpreti, e a farlo nel miglior modo possibile.

[…] Un errore che sicuramente io ho tendenza a fare quando sto lavorando – ma questo dipende dal mio carattere – è permettermi di dire "avremmo potuto fare così"; i clienti non lo accettano, nel senso che il cliente che gestisce un congresso, che gestisce le persone, lo vuole fare da solo, vuole sbagliare da solo, non vuole consigli da parte delle interpreti quindi tu devi rimanere neutra, [...] questo l'ho imparato a mie spese, [...] rischi che fraintendano.

Consigli a chi entra in questo mondo... In questo momento è difficilissimo, il mercato è molto difficile, è poco ricettivo, molto spesso ci siamo noi "senatrici" e non lasciamo spazio ai giovani. Come tu ben sai, gli interpreti non vanno mai in pensione, se non nel giorno in cui smettono di lavorare per loro propria volontà, per cui non è facile per i giovani.

In questo momento sono ancora più ostacolati perché sgomitano talmente tanto, e abbassano talmente tanto le tariffe, che i "senatori" li odiano a morte: non è professionalmente accettato che lo stesso lavoro che tu facevi a 400€ di colpo la ragazzina lo propone a 300€ e tu debba scendere di tariffa.

[...] Sicuramente è importante quello che diceva Steve Jobs: "Stay hungry", è importante conoscere, è importante sapere, essere informati di tutto, l'interprete non può permettersi di non sapere [...] cosa succede intorno a te. [...] Molto spesso quando ho a che fare con colleghi giovani non è detto che abbiano questo approccio alla simultanea. […] Cerca la collaborazione dei colleghi, se devi fare una simultanea e hai un collega che lavora assieme a te quale migliore opportunità per poterti interfacciare con lui? Non abbassare le tariffe, perché non è abbassando le tariffe che lavori di più, anzi, rovini il mercato.

Problemi e peripezie… In trent'anni ne ho viste di cotte e di crude, dai problemi tecnici, ovvero trovarti la cabina che non funziona… […] Mi ricordo […] sono arrivate le cuffie ed erano completamente scariche, e il cliente in questi casi si arrabbia talmente tanto, e magari non c'è neanche l'impiantista in loco, e la prima persona con cui se la prende chi è? Chiaramente è l'interprete, che in realtà non c'entra proprio un accidente di niente.

[…] Le richieste più assurde del tipo: "Mi cambia le pile nei ricevitori?" oppure "Dove posso trovare il caffè?", "Mi fa un caffè?" perché comunque l'interprete non è mai considerato tale, la sua professionalità non è mai considerata tale, anzi siamo sempre all'ultimo punto della scala, salvo poi che se l'interprete non capisce o l'interprete non lavora bene, il convegno non si può fare, ma questo è un altro paio di maniche.

[...] Altra cosa che mi è successa buffissima, anni fa, convegno. [...] Io ero con una collega nella cabina di francese, c'era anche la cabina di inglese dove c'è una collega che conosco e un collega che non ho mai visto. Dopo un paio d'ore che stiamo lavorando il responsabile del convegno sale nelle cabine e ci chiede gentilmente di non far più parlare il collega perché il collega non sa tradurre.

Ed effettivamente scopriamo che il collega non ha mai fatto simultanee in vita sua; era vissuto per una decina d'anni negli Stati Uniti e l'agenzia l'aveva proposto come interprete, quindi immaginati il disastro, ci siamo trovati in tre a giostrarci su due cabine perché la collega non era in grado o non voleva fare tutto il convegno da sola, questo significava che dopo aver fatto il tuo intervento di francese uscivi dalla cabina, andavi dall'altra parte e facevi il tuo intervento in inglese.

[...] Noi ci siamo conosciute quando tu cercavi forse una traduttrice di francese tramite Langit. [...] Allora: persona molto qualificata, molto sul pezzo, molto determinata, sicuramente sprecata per dov'eri, [...] una persona che [..] ha [...] aperto le ali e ha scoperto che è una grande persona e che può fare tanto. [...]

Sicuramente grande organizzatrice, grande PR […] e anche grande amica."

4.2 Apri la tua mente imprenditoriale

Fin da quando ho concepito questo libro, nella mia mente ho avuto l'intento preciso di offrirti testimonianze anche differenti rispetto ai contenuti sicuramente utili che possono offrire colleghi traduttori. Questo perché è altrettanto importante lasciarsi ispirare da chi è testimone, con la propria vita, di spirito d'iniziativa e del superare i propri confini mentali.

Credo sia interessante capire come operano, quali sono i principi che hanno provato sulla loro pelle e che li ispirano. Come ha detto bene anche Mariolina Brenna, oltre a essere preparati professionalmente non dobbiamo mai perdere di vista i passi in avanti di ciò che ci accade attorno, delle "menti più illuminate": i nuovi percorsi che nascono possono esserci di grande ispirazione.

Iniziamo da Valentino Magliaro (https://www.facebook.com/valemagliaro), che ho conosciuto e contattato diverso tempo fa tramite LinkedIn. Ti riporto di seguito l'intervista completa.

145

Clizia: Ciao Valentino, presentati per chi ancora non dovesse conoscerti, citando i tuoi traguardi e qualche peripezia.

Valentino: Sono un ragazzo di venticinque anni che si definisce "felicemente curioso", perché è l'insieme di due parole belle: *felicità,* quella che cerco di provare ogni giorno, e *curioso,* quello che sono ogni giorno, una persona che ha ricevuto dalla vita due grandi doni:

- la capacità di farmi comprendere da persone adulte, giovani, manager, politici, insomma tutti;
- aver incontrato le persone che il mondo lo hanno cambiato e reso un posto migliore.

Inizio dagli incontri.

Il primo incontro che ha cambiato l'approccio alla mia vita è stato quello con Ban Ki-moon, allora segretario generale delle Nazioni Unite, durante Expo 2015 Milano, abbiamo avuto modo di scambiare parole per qualche minuto, e di quel incontro ricordo il sorriso, sincero, vero, bello.

Poi ho incontrato a cena Tim Cook, CEO di Apple, persona meravigliosa, ho parlato, riso, scherzato e fatto battute per dieci

146

minuti con una persona che possiede un'umanità senza paragoni.

È stato divertente, perché a lui ho chiesto di firmarmi il Samsung.

Michelle e Barack Obama.

Mi hanno scelto come uno dei trecento "civic leader" al mondo di Obama Foundation.

Se dovessi avere una sola parola a disposizione per raccontare il mio incontro con loro userei: semplicità.

A loro non interessa che tu sia un CEO di qualche mega multinazionale o un semplice volontario di un'associazione, per loro sei una persona, e ogni persona vale, esattamente tanto quanto loro. Ancora mi commuovo.

Con ogni persona uso un linguaggio diverso, il mio lavoro è individuare, prima di iniziare a parlare, quale sia il linguaggio corretto da usare.

A diciannove anni non lo sapevo fare e questa mia non abilità mi ha portato a non realizzare, a causa di diverbi con chi avrebbe dovuto sostenere un progetto al quale stavo lavorando con amici fraterni, dedicandogli ogni momento libero per mesi e mesi.

Da quel momento realizzai che la comunicazione tra persone umane è la chiave per essere felici.

C.: Qual è l'errore più comune che riscontri rispetto all'atteggiamento verso il proprio successo?

V.: L'approccio al successo.

È l'errore di tutti, perché non è un punto di arrivo, ma una condizione dell'esistenza.

Se diventi popolare, noto a tanti, ed è un motivo per il quale le persone ti riconoscono come persona di successo, la condizione personale assume uno status ben preciso.

Controllare in modo graduale la condizione di successo è la soluzione per evitare scivoloni.

C.: Quali errori credi di aver incontrato durante il tuo percorso e che insegnamenti è possibile trarne?

V.: Ogni persona che incontri ha un valore. L'ho sempre dato per scontato, mi sono fatto influenzare troppo spesso da pregiudizi. Chissà quante persone di valore non ho mai incontrato.

A vent'anni mi sono accorto che l'ultimo libro letto per intero risaliva alla quarta elementare, titolo: *Furbo, il signor Volpe*. Oggi leggo circa sei libri all'anno.

La mia migliore amica è la mia penna. Mai trovarsi senza una penna, mai trovarsi in una riunione senza prendere appunti. Un giorno un mio datore di lavoro mi disse: "Perché il nostro è un mestiere, quello delle pubbliche relazioni, mai seduto...". Voleva dirmi che avrei dovuto svegliarmi, e di iniziare a prendere appunti.

Non si è mentor di se stessi, non si è "one man show", si è un team. La responsabilità delle tue azioni influenza, positivamente o negativamente, anche altri. Ascoltate i consigli di chi ha esperienza.

I vostri problemi personali devono stare fuori dalla vostra vita professionale. Questa è una di quelle cose che alleno ogni giorno, l'abilità sta nel creare nella propria mente compartimenti stagni dedicati a ogni cosa importante: lavoro, famiglia, amici, relazioni. Tempo. Sono cresciuto con la concezione di tempo di quantità. Da due anni ho stravolto la mia vita, ho ridotto il tempo dedicato agli altri e ne ho aggiunto molto dedicato a me stesso, perché ho cambiato l'approccio, non più di quantità, ma tempo di qualità.

C.: Che consigli senti di dare a chi si affaccia o già si trova in un ambito professionale che implica auto-imprenditorialità?

149

V.: Non perdere tempo con gli appuntamenti.

Ore e ore di riunione non servono a nulla, creano confusione, l'attenzione diminuisce e le persone si disinteressano molto facilmente. Riduci il tempo delle riunioni di lavoro.

Le mie riunioni durano quarantacinque minuti. Se entro questo tempo non si raggiunge una sintesi, hai perso tempo.

Scegliti un mentor.

Nessuno diventa grande da solo, senza un punto di riferimento, senza qualcuno pronto a darti un consiglio, una chiamata di quelle che tirano su il morale.

In ogni trattativa che stai per chiudere, prima di firmare il contratto, rispondi a queste quattro domande:

- Ci guadagno io?
- È un accordo utile alla mia controparte?
- Le persone che lavorano con me hanno un beneficio da questo accordo?
- Ci sono altre persone che possono trarre beneficio da questo accordo?

Direi tutti spunti di riflessione molto interessanti da tenere presenti.

Ora invece ti voglio presentare una persona che sta cambiando il modo di educare all'imprenditorialità. Ti spiegherà lui stesso come. Si chiama Mirko Pagani (https://www.linkedin.com/in/mirko-pagani-47875238) ed è un formatore che collabora con l'Università degli studi di Milano Bicocca per il progetto iBicocca dedicato al lato "i" degli studenti: imprenditivo, innovativo, imprenditoriale. Qui trovi il link all'audio del suo contributo integrale http://bit.ly/RisorseGratis e di seguito il relativo testo:

[…] Desidero raccontarti non tanto quello che ho combinato e che forse si può trovare anche nel mio curriculum vitae, quanto tutto ciò che le persone, i luoghi, gli avvenimenti, le occasioni perse, le sconfitte e le poche vittorie mi hanno insegnato.

Correva l'anno 2001 […] ed eccomi laureato in Scienze dell'Educazione, una forte passione per i videogiochi, l'informatica, i processi formativi e la pedagogia. […] Solo più avanti con l'esperienza e qualche anno in più avrei compreso che la vera paura non è quasi mai di sbagliare la risposta, ma la domanda.

Mi sono buttato subito nel primo lavoro che potesse stimolare e far sopravvivere le mie passioni, così eccomi catapultato in una grossa multinazionale di revisione contabile di Milano. Mi occupavo di

151

percorsi di e-learning, progettavo in team con altri colleghi e informatici corsi di formazione e aggiornamento online su tematiche di vario interesse e contenuto per le aziende clienti. Fin da subito però ho compreso che quello non sarebbe mai stato il lavoro e soprattutto l'ambiente dove volevo crescere professionalmente.

[...] Ho resistito un anno intero dopodiché [...] ho dato le dimissioni. [...] Comprenderete facilmente i motivi principali di quella scelta: bisogno di nuovi stimoli, di crescita personale, di poter uscire dalla mia comfort zone e di libertà di pensiero. Da quest'esperienza ho comunque imparato quanto sia importante avere il coraggio, l'impulsività o come direbbe qualcuno la follia di mettersi continuamente in gioco e di non accontentarsi mai di quello che si fa e di come lo si fa, perché l'abitudine e la noia lentamente anestetizzano la creatività, il pensiero divergente e l'immaginazione, che al contrario sono il carburante naturale che alimenta la felicità e il benessere di ognuno di noi.

[...] Ho iniziato così diverse collaborazioni con enti pubblici e privati progettando e realizzando percorsi e attività di orientamento scolastico, professionale e educativo con un target molto eterogeneo di utenti. Questa vita da freelance è andata avanti fino a quando, quasi per scherzo, ho partecipato e vinto un concorso pubblico in un comune in provincia di Varese, nell'area servizi sociali, per la gestione di attività con i giovani e le scuole del territorio. Così per quasi dieci anni mi sono trovato a lavorare in una pubblica amministrazione coordinando e realizzando interventi di politiche giovanili, orientamento scolastico e professionale.

Ho sempre comunque avuto tanti interessi, ha svolto molteplici lavori e grazie a questo intreccio di conoscenze e passioni ho potuto sviluppare un discreto potenziale multidisciplinare che riesco ad applicare, alcune volte con buoni risultati, in qualsiasi lavoro o sfida quotidiana. Proprio per questa tendenza naturale, che penso sia una caratteristica genetica che mi contraddistingue fin dalla nascita, ma di cui non ho prove scientifiche, mi sono sempre discostato molto dallo stereotipo che la maggior parte delle persone ha del "dipendente pubblico".

Non mi sono mai fermato, ho approfondito e studiato in particolare la pedagogia dell'età adolescenziale e ho realizzato progetti che mi hanno permesso di partecipare a molti convegni nazionali e internazionali e di finire anche in Georgia, non quella americana dove c'è Atlanta, la Coca Cola per intenderci, ma lo stato a cavallo tra Asia e Occidente, che a inizio anni Duemila non era propriamente una meta turistica.

[...] Vorrei approfondire invece questo concetto di persona "multipotenziale". [...] Mi sono ritrovato perfettamente nella [...] definizione. Questo mio atteggiamento verso le cose, le materie di studio e le esperienze, almeno inizialmente, mi fece pensare di non essere in grado di impegnarmi in qualcosa, di non essere costante e di essere troppo superficiale.

Con il tempo però ho compreso che il concetto di una vita specializzata è troppo sopravvalutato nella nostra società. È forse solo un'idealizzazione del nostro futuro e di come dobbiamo organizzarlo, che ci costringe a pensare che nella vita dobbiamo avere una e una sola cosa da fare. [...] Uno stato psicologico, una modalità di affrontare problemi e scelte della nostra vita che, come ci ricorda proprio Emilie Wapnick, dona un innato senso per la sintesi, capacità di apprendimento rapido e adattabilità, intesa come capacità di trasformarsi nei contesti, nei luoghi e soprattutto nelle diverse attività che svolgiamo.

Un'altra caratteristica secondo me essenziale, che negli anni ho affinato, […] è quella di essere bravo a fare cose diverse "partendo da zero", proprio perché l'ho fatto per tante volte e non ho quasi mai avuto paura di ricominciare e ritrovarmi in situazioni nuove. […] Parallelamente alle attività legate a progetti nazionali e internazionali di politiche giovanili, […] ho continuato a studiare e approfondire una delle mie prime passioni: la pedagogia con un focus sull'età adolescenziale, le nuove tecnologie e la dipendenza da Internet.

[…] Insieme a un collega "tecnopositivo" […] abbiamo creato un blog e una pagina Facebook per raccontare a tutti le attività che svolgiamo. […] Da due anni a questa parte, ho chiesto e ottenuto il trasferimento all'Università degli studi di Milano Bicocca e collaboro alla realizzazione di iBicocca, progetto unico nel suo genere in Italia, dedicato all'attivazione del lato "i" (imprenditivo, innovativo, imprenditoriale) di tutti gli studenti iscritti a corsi di laurea triennale, magistrale e al dottorato di ricerca.

iBicocca riprende e sviluppa iniziative di successo in Ateneo e ha come obiettivo diffondere la cultura dell'innovazione sensibilizzando gli studenti a diventare imprenditori di se stessi, attivandoli per operare con spirito di iniziativa, curioso, flessibile e collaborativo per affrontare le sfide lavorative e personali che riserva loro il futuro.

iBicocca rappresenta oggi un'opportunità per accrescere la consapevolezza e la conoscenza delle principali tematiche e iniziative legate al mondo dell'imprenditorialità e dell'ecosistema italiano dell'innovazione, ampliando il proprio network ed entrando in contatto con i soggetti che lo compongono.

Mediante la partecipazione alle diverse attività e occasioni di incontro interattive proposte dal framework, i ragazzi possono assimilare abilità relative allo sviluppo personale e arricchire il proprio bagaglio di conoscenze, stimolando l'acquisizione di competenze trasversali e accessorie sempre più richieste dal mondo del lavoro.[…] Mi sembrava quindi importante, partendo dalla mia esperienza personale e da quello che vedo in questi ragazzi, cercare di riassumere quali sono le competenze essenziali per i professionisti di qualsiasi settore, imprescindibili per amare quello che si fa ogni giorno e mantenere sempre una forte motivazione.

Sicuramente quando penso alle soft skills fondamentali mi viene in mente la capacità di essere autonomi, di svolgere compiti facendo ricorso alle proprie risorse, senza il bisogno di una supervisione, che va di pari passo con la fiducia in se stessi, cioè la consapevolezza del proprio valore, delle proprie capacità e delle proprie idee al di là delle opinioni degli altri.

Flessibilità e adattabilità, essere aperti alle novità e disponibili a collaborare con persone con punti di vista, cultura e istruzione diversi dal proprio. [...] Non bisogna dimenticare che la capacità di pianificare e organizzare con precisione e puntualità fanno sicuramente la differenza nel raggiungimento dei nostri obiettivi personali.

[...] Aggiornarsi sempre e comunque. [...] Determinazione, impegno e costanza in quello che si fa, il saper sviluppare idee ed essere in grado di organizzarle in progetti, correndo anche dei rischi pur di riuscirci, queste caratteristiche identificano le persone che più semplicemente potremmo definire imprenditori di se stessi. Non solo, la capacità di trasmettere e condividere in modo chiaro e sintetico idee e informazioni con tutti i propri interlocutori, di ascoltarli e di confrontarsi con loro efficacemente fa parte del bagaglio di capacità comunicative che tutti noi dovremmo avere. Queste competenze, insieme a doti di problem solving, permettono di individuare le possibili migliori soluzioni ai problemi.

Non da ultima, l'importantissima competenza di saper fallire. [...] Penso che la chiave per essere veramente innovativi e avere successo nella vita, ognuno a suo modo, sia saper accettare e trarre il positivo da ogni fallimento e ostacolo non superato.

Quindi, forse, quello che tutti dovremmo fare, dai giovani che iniziano un percorso di studi ai professionisti più affermati che vogliono migliorare la loro posizione, cambiarla o magari stravolgerla completamente, è costruire una vita e una carriera in linea con quello che veramente siamo.

4.3 Strategia digitale

Conosci il podcast che porta questo nome? Se non lo conosci ti consiglio di cercarlo subito (http://strategiadigitale.info) e di seguirlo.

È un canale in cui in ogni puntata il suo conduttore, Giulio Gaudiano (https://www.linkedin.com/in/giuliogaudiano), aiuta imprenditori e professionisti a creare il proprio business grazie al digitale. Giulio ha dedicato una puntata del suo podcast a questo libro, per te. Ecco il link alla puntata integrale https://www.spreaker.com/episode/13557642 e di seguito il transcript delle parti salienti e per noi di valore.

"Bentrovati da Giulio Gaudiano e benvenuti in una nuova puntata di Strategia Digitale. Questa settimana ripartiamo con una puntata un po' particolare perché è una puntata-intervista. Tutto questo nasce da un'e-mail che ho ricevuto qualche tempo fa da Clizia Polato. Clizia sta scrivendo un libro e voleva un mio contributo, e così abbiamo pensato di creare un episodio rispondendo alle domande di Clizia, quindi mi auto-intervisterò.

Nella mia esperienza ho imparato delle cose che possono essere utili a tutti coloro che stanno avviando un proprio business online o stanno creando una propria strategia. Non sono guru di nessuno, sono però una persona che si sporca le mani con il digital, che ci fa business da più di dieci anni e che quindi qualche esperienza ne ha passata e ho il piacere di condividerla con voi. Allora Clizia, io credo che oggi come oggi non è necessario venire da un altro pianeta per avere dei superpoteri, i superpoteri sono alla portata di tutti e si chiamano digital.

Per me sono stati dei superpoteri fin da quando ero piccolissimo, poi nella scuola, poi all'università. Ho fatto un master in Giornalismo Digitale, là ho imparato a registrare un audio e a fare montaggio dell'audio e alla fine di questo master ho fatto uno stage all'ufficio di comunicazione del Comune di Roma. Durante questo stage un giorno ho trovato una rivista e in questa rivista c'era un tizio particolare, un po' matto, che si chiamava Robin Good. Erano i primi tempi dei blog, ho cominciato a leggere il blog di Robin Good e quando ho letto che avrebbe fatto una diretta mi sono presentato lì e ci siamo trovati a lavorare insieme.

A un certo punto Robin, vedendo che ero così sveglio nel supportarlo, ha detto: "Porta avanti tu la diretta" e si è andato a fumare una sigaretta. Ho fatto la mia prima diretta sul web in quell'occasione e da quel momento non ho più smesso. Alla fine della giornata Robin mi ha detto: "Scusa, ma tu dove lavori?". Io ho detto: "Io non lavoro, ho finito ieri il mio stage al Comune". "Bene" dice, "allora ci vediamo lunedì e iniziamo a lavorare insieme", e lì abbiamo iniziato la nostra collaborazione che è durata tre anni.

Lavorare insieme a Robin Good, questo primo editore italiano totalmente online, mi ha dato la possibilità non solo di imparare tantissime cose, ma ho potuto imparare insegnando, perché ho sviluppato un vero e proprio team di lavoro per l'edizione italiana di Master New Media e sono entrato in relazione con tantissime persone all'interno e all'esterno dell'azienda.

Una delle persone che ho conosciuto è proprio Marco Montemagno e ci siamo incontrati, abbiamo organizzato un evento. Dopo Robin ho iniziato a sviluppare un mio percorso personale di consulenza perché ho visto che tante persone mi chiedevano: "Giulio, come si fa a fare questo, come si fa a fare quello?", quindi ho cominciato a dare consigli prima e poi a fare delle vere e proprie consulenze.

Questo mi ha permesso di creare la mia prima società editoriale, la You Media Web Publishing, poi un'agenzia di servizi digital assieme a un socio, che forniva servizi di content e inbound marketing alle aziende che volevano costruire un'attenzione, un'audience online attraverso i contenuti, così con il lavoro dell'agenzia sono arrivato alla formazione. Tutto questo ha permesso di creare You Media Web, un acceleratore di business digitale focalizzato sui micro-business, sulle attività di imprenditoria personale, sui professionisti, sui piccoli imprenditori che vogliono acquisire consapevolezza personale e professionale sull'utilizzo del digital a scopo di business.

Quello che posso dire è che tutto ha un senso mentre al tempo era tutto scollegato, seguendo le richieste e le esigenze concrete e utilizzando il valore offerto dalla relazione con altre persone che sono state i miei business partner nel tempo, ho potuto creare tutto questo in una realtà che a oggi sembra incredibilmente ben integrata.

Qual è l'errore più comune che ho riscontrato rispetto all'atteggiamento verso il successo? Questa domanda, Clizia, è una domanda importante perché c'è un errore che credo sia fondamentale rispetto al successo: ho notato nella maggior parte delle persone che ho incontrato nel mio percorso, parliamo di centinaia di persone, una concezione superficiale del successo e la necessità di ridefinire questo successo. Ovvero sembrava scontato capire cosa c'era dietro questo successo. Ma quando ho cominciato a chiedere: "Scusami, mi definisci il successo per te?", abbiamo piano piano scoperto che abbiamo tutti una nozione diversa di successo, che questo successo molte volte è intrecciato con la nostra realtà personale.

L'importante è capire il passato e la nostra storia per riuscire a guardare il futuro. Cercare di capire bene cosa vogliamo: vogliamo dei soldi? Vogliamo della fama? Vogliamo del potere? Vogliamo del tempo? Vogliamo cambiare le vite delle persone che ci stanno intorno in meglio? Vogliamo essere più felici? Queste sono domande fondamentali da farci per definire cos'è per noi il successo.

Potremmo scoprire che il successo per noi non passa per una crescita ma per una decrescita, ovvero togliere cose da fare, non aggiungerne; non passa dal raggiungimento di obiettivi lontanissimi ma attraverso il raggiungimento di piccoli obiettivi personali quotidiani che possono cambiare in meglio la nostra vita di tutti i giorni.

Quali errori credo di aver affrontato durante il mio percorso e quali insegnamenti ne ho tratto? Beh, anche questa Clizia è una domanda molto interessante, perché credo ci siano alcuni errori che accomunano un po' le percezioni delle persone che non riescono a tirar su una strategia digitale efficace.

Prima di tutto, molti pensano che il digitale sia easy. Quello che è importante fare è disegnare la nostra strategia, e avere una strategia non vuol dire semplicemente sapere quando entrare, ma anche sapere quando uscire, non vuol dire buttarsi nelle cose, vuol dire capire, immaginare un percorso, immaginare vie alternative, piani B, piani C, concatenare le azioni: se succede questo farò quest'altro, se succede quell'altro, farò quest'altro ancora, ecco immaginare delle ramificazioni del nostro percorso.

Altro errore voler essere per forza grandi. Allora ragazzi, ma siete sicuri che l'essere grandi è la soluzione giusta? Pensate alla glaciazione: i grandi dinosauri sono morti, i piccoli mammiferi sono sopravvissuti. In un mondo molto particolare, in continua evoluzione, dove tantissime grandi realtà sono in crisi, l'essere piccoli, l'essere proprietari dei propri movimenti con la capacità di evolvere può essere un grandissimo vantaggio.

Il terzo errore che vedo molto spesso intorno a me è non sapere chi sei; non sapere chi si è veramente, quale vantaggio si porta realmente, è forse il problema. Prima di voler fare, comincia dal dirmi chi sei, parti da chi sei tu e su questo chi sei fondiamo le azioni che ci portano verso i nostri obiettivi. Sentirci mentre lo diciamo aiuta noi stessi a capire realmente chi siamo.

Poi un altro errore è quello di confrontarsi male. Confrontarsi con delle persone che sono magari anni che fanno business, che sono in un ambiente diverso dal nostro, vivono un contesto differente, hanno risorse diverse dalle nostre e sviluppare un senso di frustrazione o voler eguagliare qualcuno: "Ah, voglio essere lo Steve Jobs italiano". Ecco, confrontarsi con gli altri è molto pericoloso perché può o settare male i nostri obiettivi o farci sviluppare un senso di frustrazione.

Io vorrei confrontarmi con me stesso, con il me di oggi o con il me che vorrei essere domani, questo è un confronto buono, o con altre persone che possono essere per noi un punto di riferimento, ma attenzione al punto di riferimento con il quale ci confrontiamo.

Poi ultimo, un errore grandissimo è puntare basso. Come faccio a smascherare una persona che punta basso? Gli faccio i conti in tasca, gli dico: "Senti, tu vuoi fare questo lavoro, ok? Mmm, vuoi farti pagare X... Perfetto... Il massimo che puoi lavorare è Y...

Benissimo, allora prendiamo X, moltiplichiamolo per Y, vediamolo per i prossimi dieci anni, tu stai facendo tutto questo per guadagnare questo? Stai facendo tutto questo per avere questo tipo di successo? Stai facendo tutto questo sbattimento per raggiungere questo obiettivo? Veramente?".

Ecco, far vedere a volte quanto sono piccoli gli obiettivi, quanto si punta in basso, quanto in realtà vogliamo fare cose piccole è un errore enorme, puntare a queste cose piccole, farlo vedere ci aiuta a vedere le cose in una dimensione diversa, puntare più in alto, desiderare, immaginare di più e ottenere anche di più.

Che consigli sento di dare a chi si affaccia o chi già si trova in un ambito professionale che implica auto-imprenditorialità? Beh, i consigli sono fondamentalmente tre: numero uno, io ti consiglio di trovare fondamentalmente la tua missione, perché il lavoro è una parte della tua vita professionale, ma c'è una parte più ampia che è la tua missione, il motivo, il perché fai questo lavoro.

C'è un senso più ampio, quella cosa che scriveranno un giorno sulla nostra lapide, quella cosa per la quale ci ricorderanno, quella cosa che ci riconosceranno quando saremo in pensione: ecco, capire la nostra missione, che non è solo il nostro lavoro ma è il lavoro accoppiato al senso di questo lavoro, è fondamentale, quindi il mio primo consiglio è non pensare al lavoro ma pensa alla tua missione, perché la missione è in grado di infuocare i cuori degli altri, ma soprattutto il tuo e di farti lavorare a un livello totalmente diverso.

Il secondo consiglio è costruire relazioni: non stare a costruire i post su Facebook per il numero dei "Mi piace", a costruire le pagine web, costruisci le relazioni con le persone, ogni persona è potenzialmente un moltiplicatore infinito di quello che fai. Investiamo tempo nelle relazioni, investiamo qualità e attenzione nel nostro tempo con le relazioni con gli altri e avremo delle fondamenta solide per il nostro business.

L'ultimo consiglio è create business, ragazzi, non create lavori. Qual è la differenza fra lavoro e business? Lo dice bene Robert Kiyosaki nel suo famoso libro *Padre ricco, padre povero*: non tutti i lavori sono business. È un business qualcosa che può vivere senza di te: allora la tua attività, il tuo progetto può vivere senza di te? Può vivere mentre stai alle Bahamas? Può vivere mentre stai con i tuoi figli a pescare? Può vivere mentre ti riposi? Può vivere oltre il confine della tua vita personale? Se la risposta è sì, allora stai costruendo un business.

Un altro modo per vederlo potrebbe essere: quello che guadagni è legato a quanto lavori? Se lavori di più guadagni di più? Se lavori di meno guadagni di meno? Oppure sono staccate queste due realtà? Tu puoi lavorare più o meno ma quanto guadagni è totalmente indipendente. Una cosa è la professione e un'altra cosa è il business.

Siamo arrivati alla fine della nostra puntata, spero di aver dato a Clizia del materiale utile e interessante per il suo libro, ma soprattutto di aver dato a te che ascolti dei consigli utili tratti dalla mia esperienza su come sviluppare il tuo business personale, la tua attività attraverso il digital."

RIEPILOGO DEL CAPITOLO 4:

- SEGRETO n. 1: comprendi la tua reale vocazione lavorativa sin dall'inizio; agisci da libera professionista con una propria identità; non interrompere la promozione quando il lavoro abbonda.

- SEGRETO n. 2: cerca la collaborazione e crea il tuo gruppo fidato subito; rimani neutra nelle decisioni che non ti appartengono; tieni la mente aperta al cambiamento e alla formazione.

- SEGRETO n. 3: il successo non è un punto d'arrivo ma una condizione dell'esistenza; leggi molti libri; lascia i problemi personali fuori dalla vita lavorativa; scegliti un mentor; nelle trattative, poniti le quattro domande.

- SEGRETO n. 4: sii autonoma, abbi fiducia in te stessa, sii flessibile, adattabile, aperta alle novità o alla collaborazione; abbi costanza e determinazione; impara a fallire.

- SEGRETO n. 5: definisci cos'è per te il successo partendo dalla tua storia personale; elabora una strategia; non confrontarti male o eguagliare; comprendi chi sei, la tua missione, quale vantaggio porti; costruisci relazioni e business.

Capitolo 5:
Come guardare al futuro

5.1 Lo stato dell'arte: la linguistica computazionale

La collega ungherese Kis Hajnalka (https://www.linkedin.com/in/kishajnalka), che ho contattato e conosciuto tramite LinkedIn, ci parla delle sue esperienze e ci illustra quale futuro ci attende nella nostra professione.

Kis: Ciao, sono Kis. Sono una linguista computazionale, ma attualmente lavoro nel settore della mediazione linguistica.

Clizia: Ciao, Kis. Quindi è corretto definirti una collega traduttrice e interprete?

K.: Sì.

C.: Parlaci della linguistica computazionale: cos'è esattamente?

K.: Quando nel 2001 ho iniziato i miei studi a Monaco di Baviera, i nostri studi si concentravano sull'identificare e trovare dei "pattern", ovvero dei modelli (keyword o sequenze di parole), con programmi scritti tramite linguaggi informatici in testi non strutturati, per esempio pagine web scaricate, e-mail etc.

C.: Una specie di motore di ricerca?

K.: Sì, precisamente. Infatti abbiamo creato molte volte motori di ricerca di base, come compito per corsi all'università. Tutto ebbe inizio lì, cioè identificare qualcosa che per qualcuno potesse essere un'informazione utile.

Vorrei che capissi bene la differenza tra dato e informazione, Clizia, perché è fondamentale per comprendere il mondo del digitale: tutti i sistemi digitali emettono dati: fotocamere, utenti di una pagina web, una lavatrice. Questi dati senza sistemi di elaborazione rimangono futili.

Se trovi invece un modo e/o una necessità per utilizzare questi dati (ad esempio sapere che centrifugando 7 minuti invece che 8 a 1000 giri al minuto i tuoi capi si stropicceranno meno), allora i dati diventano informazioni che potrai usare per migliorare il sistema di lavorazione tramite l'apparecchio, di conseguenza la vita di qualcuno.

Il passaggio tra il dato e l'informazione, nel caso di dati linguistici (parole) è compito della linguistica computazionale.

Quando ho iniziato a studiare io, in Internet si poteva fare poco, quasi niente: usavamo AltaVista o Yahoo per ricerche, Google Search non era ancora nato, i blog e le revisioni erano esempi singoli su pagine web, che spesso erano compilate da persone su server privati – e le pagine non erano quasi mai interessanti. Nessuno immaginava che entro una decina d'anni si sarebbe parlato di app, smartphone, Amazon e WordPress. Ma sapevamo che in Internet c'erano enormi potenzialità...

Grazie ai miglioramenti dei materiali usati per sistemi di computer, col tempo avevamo dei computer sempre più piccoli ma più potenti, con spazio di salvataggio sempre più generoso. Questo ha reso lo sviluppo dell'informatica possibile in un tempo record, il che è diventato una risposta per tutto. Infatti l'informatica, accademicamente, si è spezzata in sottosettori. Esistono la linguistica computazionale, la bioinformatica, l'informatica dei media, la robotica, l'informatica sociale, l'informatica del commercio ecc., e ognuno di questi sottosettori dell'informatica elabora dati specifici per renderli utili a persone di quel determinato settore.

Nel caso della linguistica computazionale i dati arrivano da testi molto grandi non strutturati – ora chiamati "big data" – e il compito è quello di ottenerne informazioni utili.

C.: Cose da Silicon Valley insomma.

K.: In realtà, una ditta eccellente a livello mondiale, in cui ho lavorato dopo l'università, si trova a Modena. Con loro nel 2006 abbiamo preparato un progetto per il Blackberry, che era destinato ad aiutare gli utenti a capire le varie funzioni del loro telefonino.

L'idea era che gli utenti potessero mandare un messaggio per conoscere le funzioni del proprio telefonino. Per esempio "come partecipare a una conference call" e il nostro sistema mandava la risposta in un messaggio, che era praticamente il paragrafo copiato dal manuale del telefonino su come partecipare a una conference call. Il progetto era geniale per i tempi, un servizio di assistente virtuale che ha permesso non solo di minimizzare i tempi di risposta, ma ha fatto risparmiare il denaro necessario per la

173

creazione di un call center e il tempo necessario per la lettura di tutto il manuale d'uso.

C.: Come siete riusciti a trovare ogni funzione del telefonino?

K.: In pratica abbiamo preso il manuale, e abbiamo separato ogni funzione del telefonino in diverse categorie. Poi abbiamo inventato una serie di domande, pensando a come gli utenti avrebbero potuto chiedere al sistema ciascuna funzione, poi abbiamo associato le risposte, ovvero l'estratto del manuale.

Se prendiamo l'esempio di prima, la domanda poteva essere:
"Partecipare a una conference call"
"Conf call con Blackberry"
"Vorrei parlare con più persone nella stessa chiamata. Come?"
La nostra sfida era "capire" che queste tre domande erano identiche e dare sempre la stessa risposta.

C.: Detta così, sembra facile.

K.: In realtà le sfide durante il progetto erano molteplici. Prima di tutto, potersi immaginare ogni modo possibile di porre una domanda – quindi capire correttamente il modello, poi non sbagliare quale risposta inviare. Magari per chi parla solamente le lingue, e non le elabora con sistemi elettronici, non è chiaro il limite sottile tra generalizzare una frase e nello stesso tempo essere abbastanza specifica, per non includere troppo o troppo poco.

Il progetto è stato implementato e ha avuto un grandissimo successo. Tanto che Blackberry ci ha affidato i manuali di diversi modelli successivi nei prossimi anni... Ti lascio immaginare i problemi che abbiamo avuto quando una stessa funzione era realizzata diversamente nei diversi modelli e l'utente non ha specificato bene a quale modello si riferiva... Il grado di ambiguità era, diciamo, difficilmente gestibile.

Quando parliamo, non ci poniamo il problema di non essere "chiari". Abbiamo sempre un contesto, una conversazione in corso che ci aiuta. Nei testi scritti questo aiuto non sempre è presente. Esistono delle regole canoniche nei testi per rendere chiaro il contenuto.

Mi viene in mente un altro progetto a riguardo. La Chevron, dalla lontana California, ci ha affidato di estrarre dati utili da tesi di ricerca su bacini per determinare se avesse senso iniziare a trivellare in un determinato luogo. Un progetto molto interessante, dove il nostro problema era però di avere informazioni a disposizione che il nostro sistema, creato per big data, non ha "visto".

Questo mi fa pensare a quante volte tutto ciò succede nel mondo dell'informatica: una ditta trova una soluzione ma la rende inaccessibile per tutto il resto del mondo, per mantenere il vantaggio e poter sviluppare prodotti da soli. Formati inaccessibili, brevetti che rendono la diffusione o l'estrazione dell'informazione impossibile. Sapere qualcosa ti dà un vantaggio sul mercato.

Nel Watson – un mondo creato dall'IBM e popolato dai big a livello mondiale (come BMW, BNP Paribas, Capgemini, Tech Mahindra) per creare "cose" utili – la condivisione del sapere è prioritaria per l'invenzione dei loro prodotti e servizi, attraverso l'uso di sensori e dispositivi interconnessi.

Immagina un'auto che si ferma a una stazione di servizio, fa benzina e riparte apparentemente senza pagare. Apparentemente, perché l'auto sa esattamente quanta benzina hai fatto e procede da sola al pagamento tramite la tua carta Visa.

Questo è il nuovo modo di usare Internet per applicazioni fuori dal solo digitale, per "cose" semplici della vita quotidiana. Scarpe che trasmettono dati su quanti passi, quanto velocemente e in quale luogo hai fatto tramite un QR code al tuo telefonino, per poi usare questi dati ad esempio per la tua dieta, nel tuo percorso fitness; oppure la tua sveglia che suona quindici minuti prima un certo giorno, perché il traffico sembra troppo intenso a causa di un incidente.

Internet e digitale nella nostra epoca si slegano dall'ambiente esclusivo dei computer e stanno diventando uno strumento per organizzare meglio i nostri giorni.

L'Università degli Studi di Udine è stata la prima in Italia a proporre nel 2017 un corso di laurea triennale in "Internet of things, big data and web".

C.: Ritieni che nel tuo e nel nostro settore sia coinvolto il digitale?

K.: Il digitale è presente nelle traduzioni più che mai.

Spesso un traduttore lavora con un software, che spesso si basa su una memoria di traduzione.

Questa memoria si può usare per pre-tradurre un file con traduzioni già presenti in esso, si può arricchire con nuove traduzioni, si può estrarne termini per un glossario tecnico ecc. Anche nel nostro mondo ci sono delle applicazioni quasi futuristiche, da siti web che traducono in chat a sistemi di dettatura, per non usare più le dita ma solo la voce, per tradurre più velocemente, volendo anche con il cellulare.

C.: *Cosa mi dici della traduzione automatica? Credi che dobbiamo temere di perdere il lavoro per colpa dei sistemi informatici?*

K.: Penso che la traduzione automatica o quella assistita – ovvero prima traduzione automatica, poi controllo da un traduttore umano – sia un passo in avanti, per non dover tradurre la stessa frase o erroneamente il nome di una norma o per evitare delle ricerche. Un altro progetto del 2011, che ho svolto a Londra e che è stato cofinanziato dall'Unione Europea, aveva come obiettivo proprio questo.

C.: *Di cosa si trattava?*

K.: Il progetto si chiamava MORMED ed era un tentativo di far usare a pazienti, familiari, dottori e gruppi di sostegno di una malattia rara una piattaforma in Internet in quattro paesi, con quattro lingue diverse, per mandare sms, condividere ricerche, consigli, informazioni, per rendere la vita più vivibile alle persone affette da lupus.

Abbiamo preso i messaggi che si trovavano sulla piattaforma della chat e li abbiamo tradotti con un sistema di traduzione automatica creata e mantenuta dal gruppo di lavoro che gestivo, e solo su richiesta dell'utente abbiamo svolto un miglioramento tramite un traduttore umano. Questo per permettere all'informazione un flusso più veloce e più naturale, senza tempi di attesa ecc.

Ma progetti di ricerca a parte, il lavoro dell'"intelligenza artificiale" avrà sempre un margine che solo un umano potrà completare, e quindi sì, forse dovrò acquisire altre competenze se vorrò rimanere nel settore della traduzione fra dieci anni, ma non ho paura che le macchine mi tolgano il lavoro.

"Lifelong learning" ovvero "studiare per tutta la vita" è il nuovo modello per stare "a galla". Nel 2000 io non potevo immaginare l'esistenza di uno smartphone e ora invece sogno case intelligenti come nel libro *The girl before* di J.P. Delaney, frigoriferi che ordineranno cibo su Amazon Pantry a seconda del peso ottenuto dalla mia bilancia smart e la dieta che mi consiglia MyFitnessPal, basandosi sulle calorie che consumo quotidianamente, condiviso da Google Fit. Tutte queste app hanno bisogno solo di sensori e interfacce per essere interconnesse, non sto parlando di un futuro inimmaginabile, piuttosto di un uso di Internet e del digitale ancor più inserito nella nostra vita.

Io penso che il futuro del digitale sarà entusiasmante e molto interessante.

C.: Lo spero anch'io. Grazie mille per il tuo tempo, Kis.

K.: È stato un piacere, Clizia.

5.2 Come si stanno muovendo le agenzie

Credo che per noi traduttori sapere, capire, comprendere ed essere soprattutto a conoscenza di quello che sta avvenendo "dall'altra parte" della staccionata sia non solo importante, ma fondamentale. Forse in virtù del mio background o forse semplicemente per l'empatia che si è instaurata da subito, Claudio Negri - conosciuto tramite LinkedIn (https://www.linkedin.com/in/claudionegri79),

Innovation Manager di Way2Global, spin-off di Trans-Edit Group, tra le più grandi agenzie in Italia, ha contribuito senza indugio a questa mia iniziativa e mi ha rivelato quello che trovi a seguire.

"Sono Claudio Negri, ho cominciato sedici anni e tre agenzie di traduzioni fa come web designer studiando le interfacce dei siti web, poi come web master gestendo e programmando i portali e come web manager coordinando l'intera comunicazione web istituzionale e social. Oggi sono innovation manager, qualifica che finalmente unisce quello che è stato il mio percorso pubblico con quello più nascosto e tecnico volto a seguire l'evoluzione dei CAT Tools, da quando SDL Studio si chiamava ancora Trados.

Ho osservato l'evoluzione dei primi motori rule-based ai tempi di Babel Fish e Systran, dei primi SMT (Statistical Machine Translation) e infine oggi, nell'era dell'AI, seguo gli sviluppi delle prime neural machine translation.

L'innovation manager, a parer mio, è qualcosa che unisce le mie due anime, quella tecnica e quella creativa, realizzando un ponte tra traduttori e management e analizzando il mercato e le tecnologie attuali e future alla ricerca di un equilibrio perfetto: un cambio di business model.

Cosa ho imparato in questi anni? Che la comunicazione è essenziale e questo ogni traduttore lo sa bene, ma quel che è più importante è sforzarsi di esprimere la "reason why".

Con tutti i limiti e le difficoltà che un'azienda può avere, cerco ogni giorno di comunicare l'essenza di Way2Global.

"Cambiare il mondo" è iscritto nelle fondamenta dell'azienda, nel suo statuto aziendale, nel nostro brand e nel payoff "Beyond borders for a better world" oltre che nella ragione sociale stessa, in quanto società benefit e B corp.

Il nostro modo di essere lo comunichiamo dentro e fuori dai nostri uffici, con traduttori e clienti, e questo crea nuovi spunti per migliorare. Essere e comunicare creano un circolo virtuoso.

Un errore comune che ho visto negli anni è quello di sottovalutare la tecnologia nel nostro lavoro. Forse perché la traduzione come la scrittura è opera d'ingegno, e molti traduttori faticano naturalmente ad accettarla.

All'arrivo dei primi CAT devono essersi sentiti come i pittori che videro le prime macchine fotografiche a pellicola.

Poi nacque la fotografia e scoprirono che anche quello strumento tecnologico, in mano all'uomo, diventò arte e si diffuse in tutto il globo, inarrestabile.

Oggi la maggior parte dei traduttori sfrutta la tecnologia nel proprio lavoro, da glossari online e terminologici a software di traduzione assistita il cui studio ormai è parte di qualsiasi corso accademico di traduzione. I progressi tecnologici sono inarrestabili e se ieri alcuni sottovalutavano i CAT Tools, oggi è la machine translation a essere derisa, ma credo che ancora una volta, mettendola nelle mani dell'uomo, si potrà trasformare in strumento d'arte e si diffonderà.

Ciò che mi spiace vedere più di ogni altra cosa, però, è la disillusione negli occhi dei traduttori che sottovalutano o sminuiscono il proprio lavoro.

La quotidianità rischia di svilire qualsiasi mestiere, anche il più nobile, lo so, e devo ammettere che molto spesso l'atteggiamento di molte agenzie di traduzione e le tassazioni hanno un ruolo primario in questa perdita di stima. Eppure il lavoro del traduttore è "gigantesco".

Anche le Nazioni Unite l'anno scorso hanno ratificato un documento nel quale si dà al traduttore e al suo operato un ruolo essenziale per la pace e lo sviluppo delle nazioni nel mondo.

Credo che soprattutto nelle agenzie la gestione della relazione con il traduttore dovrebbe tornare a essere centrale, avendo il coraggio di provare nuovi modelli di business e non appiattendoci a una mera contrattazione del prezzo a parola.

Negli ultimi mesi ho progettato Translator Opinion Poll, una survey europea tesa a tracciare il profilo del traduttore moderno. Frutto di una partnership tra W2G e la Scuola civica di Traduzione e Interpretariato Altiero Spinelli, stiamo analizzando il rapporto che i traduttori hanno con tecnologia, clienti e socialità. I risultati saranno accessibili e crediamo possano aiutare le università, le associazioni di categoria e, perché no, le agenzie a rimettere al centro questa relazione.

Tornando al tema della tecnologia, se è importante non sottovalutarla, studiarla e conoscerne gli sviluppi può diventare di grande valore aggiunto. È equiparabile a studiare una nuova lingua che dà la possibilità di estendere la comunicazione e di acquisire nuove idee, nuove opportunità.

Ma perché allora fa paura? A molti la tecnologia fa paura perché è come la lingua tedesca, è dura, difficile e a volte brutale, ma quando la si impara, si scopre la grande bellezza intrinseca dei complessi

184

meccanismi grammaticali, la sua chiarezza e linearità e le sue tante parole magiche come "Weltanschauung", traducibile sommariamente come "visione del mondo" ma che ha un significato che va molto oltre e abbraccia la filosofia.

Il tema della paura della tecnologia è un tema un po' scottante e lo capisco bene perché parlo da innovation manager di un'agenzia che non ha milioni di euro da spendere in avanzamento tecnologico, né centinaia di ingegneri informatici, quindi ne parlo con una visione che è molto più simile a quella dei traduttori rispetto a tanti altri colossi internazionali.

Direi che si ha paura soltanto delle cose che non si comprendono e che non si possono controllare. Quando verremo sostituiti da un super-computer? Mai? O tra dieci anni come sostengono alcuni

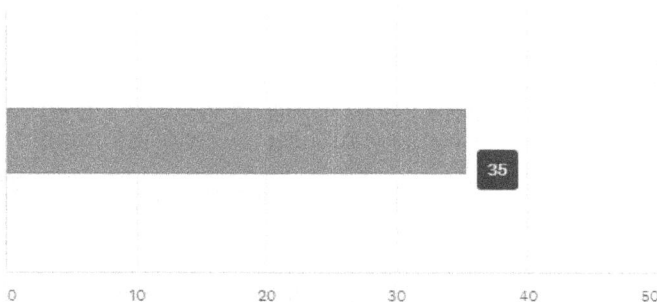

studi? Secondo oltre quattrocento traduttori professionisti che hanno preso parte alla survey TOP (Translator Opinion Poll): tra trentacinque anni.

Quindi se la comprensione è il primo elemento per cavalcare la tecnologia, il secondo è certamente il controllo. Finché si parla di machine translation statistica ci sono tuttora software house che consentono al traduttore di essere autonomo e di mantenere la proprietà del materiale come Slate Rocks! e forse pochi altri, ma quando si parla delle nuove frontiere della neural machine translation i costi dell'hardware necessario per una tecnologia che necessita di una capacità di calcolo esponenziale a volte sono proibitivi.

Gli sviluppi tecnologici di questa tecnologia però sono certo che abbatteranno queste barriere e negli anni a venire daranno la possibilità di essere gestiti da chiunque.

L'ultimo punto è la proprietà di queste tecnologie, che a oggi sembra essere esclusiva delle software house che le creano. Possiamo utilizzarla e averne il controllo ma resta comunque un qualcosa che non è nostro, non è di proprietà del traduttore né dell'agenzia, quindi basare il business sulla machine translation significa entrare in una dinamica di dipendenza completa verso un organismo terzo fuori dal nostro controllo.

Anche qui, come sempre, sono l'uomo e le sue scelte a fare la differenza.
Decideremo di sostituire traduttori e agenzie con server e connessioni o di estenderne le capacità grazie a questi strumenti? Nel nostro piccolo stiamo camminando sul percorso della seconda scelta, quella che vede al centro l'uomo.

Abbiamo acquisito molta esperienza in questi anni sulla SMT e attualmente stiamo sviluppando test di reti neurali tout court e di machine translation statistica ibridata con reti neurali, ma il carattere innovativo su cui stiamo cercando di lavorare è la ricerca di un business model sostenibile e produttivo che consenta di mettere nelle mani del singolo traduttore conoscenza, controllo e proprietà di queste tecnologie.

Un sogno per molti, un incubo per altri, ma per me e per il nostro team si tratta ancora di sforzarci di essere ciò che vogliamo diventare. Essere motore di cambiamento nel mondo."

187

Il cambiamento sta coinvolgendo tutti i settori dell'economia, incluso il settore finanziario, che sta vivendo l'esplosione delle criptovalute e delle ICO (Initial Coin Offering).

Strettamente connesso con il grande successo di una ICO è un progetto di certificazione delle competenze che – come ti accennavo – rappresenta il futuro delle qualifiche e fa perdere di attrattiva e di valore il classico CV, in quanto totalmente falsificabile. Come autrice di questo libro avrò il privilegio di essere certificata in maniera indelebile, certa e dimostrabile, e in seguito avrò la possibilità di certificare a mia volta le tue competenze qualora desiderassi approfondire assieme uno o più aspetti di questo percorso.

La ICO connessa al progetto utilizza la tecnologia Blockchain ed è già stata selezionata come una delle migliori al mondo, in quanto è vincitrice dell'Audience Award a Seoul.
Sempre dalla Corea, in particolare dai giochi olimpici invernali di Pyeongchang, ci arriva il contributo di Luca La Mesa (https://www.linkedin.com/in/lucalamesa) TEDx Speaker, Singularity University Ambassador e Investor, selezionato per l'Hive Global Leaders Program Harvard 2016, docente di

Marketing & Social Media in università in Italia e all'estero, top teacher di Ninja Academy, vincitore per due anni consecutivi, come mentor, di Wind Startup Award.

Clizia: Ciao Luca, presentati per chi ancora non dovesse conoscerti, citando i tuoi traguardi e qualche peripezia.

Luca: Sono un appassionato di marketing e innovazione. Dopo aver lavorato in P&G e Unilever mi sono specializzato in strategie avanzate di social media maturando esperienza con clienti come AS Roma | Francesco Totti #MioCapitano, Francesca Piccinini #ConLeAzzurre (campagna più virale Twitter Italia ottobre 2014), Campionato Mondiale Superbike SBK, Pirelli, Fendi, Bulgari, Fiorello, Olimpiadi di Rio de Janeiro 2016 (CONI), Olimpiadi Invernali Pyeongchang 2018 (CONI), Federazione Italiana Pallavolo, Internazionali BNL d'Italia, Cornetto Algida, Dove, Winner Taco, Mediaset, La7, Comitato Digitale per Matteo Renzi, Ministro dello Sviluppo Economico.

La metodologia che ho sperimentato in questi anni prevede due ore di studio al giorno per diventare più bravo nel lavoro e due esperienze l'anno di crescita personale che non siano legate al mio lavoro.

Questa seconda parte è fondamentale per uscire dalla bolla quotidiana dentro cui tutti noi viviamo e ci permette di avere una visione più ampia e lucida di quello che sta succedendo e di quello che vorremmo fare nei prossimi 3/5 anni.

Nel 2015 sono stato selezionato per l'Executive Program della Singularity University nel NASA Research Park in Silicon Valley. Da Singularity si studiano le tecnologie esponenziali e come potranno aiutarci a risolvere le "sfide dell'umanità" (cibo, acqua, energia, ambiente, salute, povertà ecc.). La visione è quella di sfruttare le tecnologie esponenziali per lavorare su progetti che impattino un miliardo di persone nei prossimi dieci anni. Al ritorno in Italia ho deciso di diffondere gratuitamente queste tematiche e ho aperto il chapter di Roma SingularityU Rome e investito in SingularityU Italy.

Altre attività: presidente di Procter&Gamble Alumni Italia. Premiato da P&G Alumni Global tra i "40 under 40" più meritevoli in tutto il mondo. Selezionato per l'Hive Global Leaders Program Harvard 2016. TEDx Speaker. Docente di Marketing & Social Media in università in Italia e all'estero. Top teacher di Ninja

Academy. Vincitore per due anni consecutivi, come mentor, di Wind Startup Award.

C.: Qual è l'errore più comune che riscontri rispetto all'atteggiamento verso il proprio successo?

L.: L'assenza di focus. Spesso si cerca di fare molte cose in parallelo credendo che più attività si portano avanti e maggiore probabilità avremo di avere successo. Credo che oggi sia importante riuscire a essere multitasking ma, allo stesso tempo, se non si ha una buona metodologia è molto facile perdere focus ed efficienza.

Quante volte ci capita di iniziare la giornata con una chiara lista di attività da fare che poi viene stravolta da inevitabili urgenze ma anche da molte distrazioni? Quando ho deciso di licenziarmi da Unilever per creare una mia agenzia digitale ho voluto da subito specializzarmi chiaramente su un'area specifica (social media) ed evitare di provare a fare tanti altri servizi alternativi come Google Adwords, SEO, Sviluppo di app che mi avrebbero solo defocalizzato.

Credo fortemente nel paradigma: solide basi e forte competenza verticale. Quando qualcuno avrà bisogno di un servizio specifico e gli verrà in mente di chiamarvi come consulenti avrete percorso già una buona parte della strada che potrà portarvi al successo. Se non riuscite ad associare il vostro nome a una competenza specifica tutto ciò sarà più difficile.

C.: Quali errori credi di aver incontrato durante il tuo percorso e che insegnamenti è possibile trarne?

L.: Non credo che gli errori siano di per sé un problema. Ricordo un aneddoto all'inizio del mio percorso lavorativo in una multinazionale sul quale ho riflettuto molto negli anni a seguire. Un giorno il mio manager diretto mi chiese: "Luca, quanti errori hai fatto oggi?". Sinceramente interpretai la domanda in maniera negativa e risposi istintivamente: "Spero nessuno". Il manager mi guardò, sorridendo, e disse: "Allora si vede che non hai lavorato abbastanza!".

Ciò che imparai è che può capitare di sbagliare e che solo chi fa molto poco non rischia di sbagliare. Nella società di oggi dobbiamo trovare il miglior bilanciamento tra qualità del servizio e minimizzazione degli errori.

L'importante è impostare molto bene le priorità e capire come imparare dai singoli errori.

C.: Che consigli senti di dare a chi si affaccia o già si trova in un ambito professionale che implica auto-imprenditorialità?

L.: Una delle difficoltà che ho avuto all'inizio nei primi passi da imprenditore è stata quella di non avere un capo e dei chiari obiettivi. Sin dai primi mesi capivo che stavo andando bene e il fatturato cresceva bene, ma allo stesso tempo vedevo altri potenziali clienti con cui avrei potuto parlare che stavano firmando accordi con altre agenzie. Ero dunque contento ma non sapevo se stavo realmente facendo abbastanza. Mi mancavano un obiettivo economico e un capo con il quale confrontarmi sui risultati.

Andava tutto bene ma ogni tanto mi venivano dei dubbi. Decisi dunque di fissarmi dei chiari obiettivi economici a tre mesi, sei mesi, dodici mesi e tre anni. In assenza di un capo chiamai due delle persone che stimavo di più e dissi loro che avrei voluto che fossero i miei mentor. Cosa dovevano fare? Darmi i feedback scomodi. Raccogliere ogni tipo di feedback diretto o indiretto e riportarmelo senza filtri per permettermi di crescere. Non è stato facile ma mi ha aiutato molto.

Dopo i primi passi ciò che credo sia fondamentale è non diventare mai schiavi dell'operatività. Quando si lavora bene è normale che il telefono inizi a squillare e sempre più persone vorranno lavorare con noi. Dobbiamo essere bravi a dire di no per due motivi. Il primo è per assicurarci di avere sempre il tempo per studiare e migliorarci. In particolare in ambiti dinamici come i social media in molti non riescono ad aggiornarsi in maniera seria e approfondita perché sommersi dall'operatività quotidiana.

Il secondo motivo per dire di no è legato alla reputazione e alla performance. Dovremo prendere solo i clienti che siamo in grado di gestire al meglio. Tre anni fa ho rinunciato a un cliente molto grande ma per il quale credevo di non essere il fornitore più adatto. Ci ho parlato, hanno molto apprezzato la sincerità e sono sicuro si aprirà una porta ancora migliore in futuro. La reputazione è più importante del fatturato e solo lasciando sempre una scia positiva possiamo assicurarci che i prossimi anni saranno ancora migliori di questi.

C.: Ci dai un accenno a quel che prevedi sarà il futuro della tecnologia? C'è chi nella nostra categoria si sente "minacciato" dall'avvento delle nuove tecnologie. Tu credi si debba realmente averne timore?

L.: La tecnologia andrà a cambiare molti settori. Alcuni lavori non esisteranno più e ne nasceranno di nuovi basati su competenze che oggi ignoriamo. Basti pensare che il 65% dei bambini che iniziano ora le elementari farà un lavoro che oggi non esiste. Nel 2015 ho partecipato a un Summit di Singularity University in Olanda e due cose mi hanno colpito tra le tante. La prima riguardava il mondo della medicina. Tantissimi studenti studiano per anni la base della medicina ma il loro lavoro in futuro richiederà anche una forte competenza tecnica nel saper governare i robot che già oggi ci aiutano in sala operatoria.

Un mio parente stretto è stato operato con un macchinario chiamato Da Vinci che già da anni è presente in sala operatoria ma che richiede una formazione specifica che va oltre quella standard. Il futuro andrà sempre più in quella direzione e la formazione dovrà aggiornarsi per non diventare obsoleta.

Il secondo esempio, meno noto, riguarda la prima società interinale per dare lavoro ai robot. Due ragazzi hanno capito che le aziende non devono necessariamente investire per creare i loro robot ma che possono affittarli temporaneamente da agenzie terze.

La maggior parte dei lavori dovrà cambiare nel tempo, a partire dal mio. Cosa possiamo fare? Il consiglio migliore è quello di impegnarsi a rimanere sempre aggiornati e con una forte propensione ad apprendere nuove competenze. Due anni fa ho investito in una società il cui fine è quello di dare formazione gratuita online a un miliardo di persone in dieci anni. Solo in questo modo avremo maggiori probabilità di aggiornare il nostro lavoro e di rimanere sempre più attuali rispetto alle esigenze del mercato.

RIEPILOGO DEL CAPITOLO 5:

- SEGRETO n. 1: non c'è il reale timore da qui ai prossimi dieci anni che le macchine ci sostituiscano nella traduzione. Dovremo acquisire competenze per essere utili nel processo di post-editing.

- SEGRETO n. 2: prima essere, poi comunicare; non sottovalutare la tecnologia, cerca di comprenderla e controllarla; conosci il tuo mercato di riferimento.

- SEGRETO n. 3: struttura la tua giornata stabilendo i tuoi spazi di studio personale e il tuo anno con un paio di esperienze di crescita personale non legate al tuo lavoro.

- SEGRETO n. 4: non perdere il focus; poggia su solide basi e forte competenza verticale; associa il tuo nome a una competenza specifica.

- SEGRETO n. 5: imposta le priorità; comprendi come imparare dai singoli errori; fissa obiettivi a 3-6-12 mesi e 3 anni; scegli il tuo mentor, ti permetterà di crescere; non diventare schiava dell'operatività; privilegia la reputazione rispetto al fatturato, anche se questo significa rinunciare a un cliente.

Conclusione

Ti sarà ormai chiaro che, in questo nostro tempo, è evidente che chi parla di "crisi" si trova ancora legato a una certa modalità di fare business.

Se c'è un messaggio che vorrei ti restasse impresso dopo aver letto questo libro è questo: tu non puoi e non devi solo "sopravvivere".

Devi assolutamente riscoprire la tua missione e dedicarti con tutta te stessa a ciò per cui ti brillano gli occhi! Solo a quel punto diventi ragione di attrazione, diventi una luce, diventi una calamita e le persone ricordano molto bene l'esperienza con te, il tuo tratto distintivo che nessuno può portarti via perché è solo tuo... Sei *T*u.

Non delegare ad altri il futuro della tua attività. Assumi *T*u il controllo del tuo business e agisci da *Translapreneur*.

Allora ricordiamo insieme di cosa ti devi occupare:

- parla con la bambina che c'è in te e individua il tuo perché più profondo

- crea relazioni autentiche
- struttura il tuo anno con un paio di esperienze di crescita personale non strettamente legate al tuo lavoro
- fissa obiettivi a 3-6-12 mesi e 3 anni; non diventare schiava dell'operatività; privilegia la reputazione rispetto al fatturato
- spezzetta gli obiettivi in piccole azioni

- accetta e sfidati a vivere i benefici dell'errore
- applica la "dedizione all'ostinazione": se hai un perché forte, il come lo trovi!
- sii positiva, flessibile, tollerante, rispettosa, perseverante umile e collaborativa; offri aiuto e soluzioni
- fai l'identikit del tuo cliente e anticipa le sue ricerche, fatti trovare nei posti che frequenta

- LinkedIn non è un CV; aggiusta foto e headline, chiedi segnalazioni; interagisci 30x30
- trova elementi ulteriormente differenzianti (es. uso voce, public speaking, copywriting)
- leggi libri; scegliti un mentor; nelle trattative, poniti le quattro domande

- definisci cos'è per te il successo partendo dalla tua storia personale; non confrontarti male o eguagliare; comprendi quale vantaggio porti e associa il tuo nome a una competenza specifica
- il successo non è un punto d'arrivo ma una condizione dell'esistenza

Se stai per chiederti:

➤ "Funzionerà anche per me?"

Sì, perché non importa in quale punto della tua carriera ti trovi, nel mio percorso si sommano e vengono valorizzati tutti. Ricorda, i risultati sono possibili solo se ci metti impegno, determinazione e se si hanno le giuste strategie. Se ce l'ho fatta io, puoi farcela anche tu!

➤ "E se ho bisogno di supporto/volessi approfondire?"

Unisciti al Translator's Club, sta per prendere corpo una bella community in cui scrivere e ricevere aiuto. Se vuoi offrire spunti e soluzioni, scrivi anche quelli, è utile a tutti. Se hai delle domande che desideri fare a me, scrivimi a cliziapolato@traduttoreimprenditore.it e ti aiuterò. Se desideri approfondire un argomento in particolare, vai all'elenco tematico degli approfondimenti che segue.

Ti faccio i complimenti per essere giunta al termine di questo percorso assieme!

Questo libro non riguarda me, ma le vite che avrà toccato. Se riuscirò a toccare in meglio anche di un soffio la tua, per me sarà già un grande risultato!

Grazie dell'opportunità che mi hai dato.

E ora va', inizia ad agire e fai crescere il tuo business!

Approfondimenti

Se desideri approfondire uno degli ambiti che abbiamo visto assieme nei capitoli di questo libro, scrivi a info@traduttoreimprenditore.it indicando nell'oggetto l'argomento che ti interessa. Ti risponderò personalmente indicandoti anche eventuali percorsi in programma sul tema.

Centratura e autoconoscenza

Personal Branding per traduttori

Scuola di Fallimento

LinkedIn per traduttori

Marketing Formativo

Public Speaking

Uso della voce

Neurolinguistica e futuro della nostra professione

Dicono di me

I colleghi

	I have been working with Clizia for many years now. When she had to leave her stable job and create her own team, I was impressed by her courage and foresight. She certainly has excellent managerial capacities but not only. She's reliable and precise, attentive and sincere. It's a pleasure to work with Clizia! Yolanda
	Mi ha sempre fatto piacere partecipare ai progetti di traduzione e interpretariato per Clizia perché è sempre precisa, chiara e la cosa più importante simpatica e affidabile: quando ricevo un incarico da Clizia lo faccio sempre volentieri perché non devo farle molte domande sul progetto, fornisce lei tutti i dettagli necessari perché è traduttrice e interprete anche lei e sa come fare per organizzare tutto per il meglio. Se mi chiedono di scegliere fra un progetto di qualsiasi altro o di Clizia io scelgo assolutamente il progetto di Clizia. Tanti anni di rispetto e fiducia nei suoi confronti. Iryna
	Lavoro con Clizia da molti anni con grande piacere. È sempre precisa, puntuale e professionale senza tralasciare l'aspetto umano della collaborazione impostata sulla cordialità e il rispetto reciproco. In un mondo professionale, ma non solo, sempre più incerto, l'affidabilità e serietà di Clizia nel svolgere il lavoro sono preziose. Lucyna

Dal mio profilo LinkedIn

Laura Coverlizza
Interprete di Conferenza
presso Laura Coverlizza
3 marzo 2016, Laura ha lavorato
con Clizia in gruppi diversi

Ho conosciuto Clizia in occasione di un servizio di interpretariato con delegazioni straniere e ho avuto modo di apprezzare la sua disponibilità, preparazione e savoir-faire. Una collega davvero piacevole.

Lucia Lusetti
Guida turistica abilitata
Mantova, Emilia Romagna
8 marzo 2016, Clizia era un
cliente di Lucia

I had an interesting co-working experience with Clizia in simultaneous translation for a glass firm in the area of Mantua some years ago. She's extremely precise and punctual in the accomplishment of a programmed activity. I hope to work with her again some day.

Maurizio Boni
Simultaneous interpreter,
FR IT EN
2 marzo 2016, Clizia era un cliente di Maurizio

For years I have had the chance to receive translation and interpretation assignments from Clizia. She has always shown top notch professionalism in every single project she managed. I recommend Clizia as she is a reliable and dependable person.

Chiara Rizzi
Traduttrice freelance
2 marzo 2016, Clizia era un cliente di Chiara

Clizia è una persona affidabile e competente.

Graham Reynolds
Owner at Graham Reynolds
2 marzo 2016, Clizia era un cliente di Graham

Clizia is one of those people who puts commitment, quality and objective balance into her collaboration with others. We have often worked together in the past and I will without question continue to do so. I would certainly recommend her to anyone looking for trusted, quality work.

Ex-stagisti

	Ho avuto il piacere di conoscere Clizia qualche anno fa durante un'esperienza lavorativa. Sin dall'inizio della nostra conoscenza avevo intuito che, se avessi avuto qualche dubbio di qualsiasi tipo sul compito che avrei dovuto svolgere, avrei potuto contare sulla sua disponibilità e professionalità - doti che la contraddistinguono in particolar modo. Ricordo anche l'assoluta "nonchalance" con la quale, un secondo prima mi spiegava come svolgere al meglio gli incarichi che ricevevo, ed un attimo dopo rispondeva al telefono - con un impeccabile e disinvolta conversazione - in un'altra lingua. Sognando di poter un giorno diventare come lei, Le chiedevo sempre come facesse ad essere così preparata in materia e lei, immancabilmente, mi illuminava con le sue dritte. Per spiegare in poche parole chi è Clizia Polato, umanamente e professionalmente parlando, a chi non la conosce, posso affermare che sarebbe la mia socia in affari ideale, laddove decidessi di avviare un'attività. Cristina Pandelea, Dottoressa in Lingue per il Commercio Internazionale
	Clizia est une personne auprès de qui j'ai eu grand plaisir à apprendre. C'est une personne passionnée, appliquée avec de grandes compétences pour l'apprentissage. Elle sait être à l'écoute et conseiller. Elle sait accompagner d'une humeur toujours égale, j'ai beaucoup appris auprès d'elle que ce soit professionnellement (il s'agissait de ma première expérience en entreprise) mais aussi sur le plan personnel. Clizia est une belle personne avec beaucoup de qualités humaines Laurélie Michitch A l'époque de mon stage, j'étais en études supérieures d'assistante de direction spécialisation langues étrangères. Aujourd'hui je travaille en tant qu'assistante commerciale dans un groupe international qui fait de la maintenance aéronautique

Le premier trait de caractère qui me vient à l'esprit en repensant à Clizia, c'est sa générosité. Attentive, méthodique et appliquée, elle est aussi souriante et avenante. C'est la raison pour laquelle les débuts de notre travail en commun ont tout de suite porté leurs fruits. Dans notre collaboration, Clizia, qui me guidait tout au long de mon travail, a largement contribué à ma bonne intégration. En effet, de bons conseils mais aussi discrète et patiente, nos échanges ont été favorisés par sa maturité et son esprit de partage.
Curieuse et professionnelle à la fois, le dialogue avec Clizia m'a permis de progresser pas à pas, toujours dans un esprit d'ouverture et de bienveillance. Elle est serviable, mais elle a aussi le sens de la critique. Naturellement douée pour communiquer, à l'écoute et diplomate, Clizia est une personne soigneuse qui a la tête sur les épaules. Sa sensibilité ne pourrait pas ne pas passer inaperçu.

Sonia FEHRI

Diplômée de Traduction, Université Jean-Monnet de Saint-Étienne. Niveau DESS, équivalent du Master 2.

Ex-corsisti

Il corso con Clizia per me è stato una bellissima esperienza. Clizia è stata un'insegnante speciale, il suo modo di fare, la sua sensibilità e la sua umanità sono state per me fondamentali.. Le persone che riescono a lasciare anche un piccolo segno dentro di noi sono sempre persone uniche.
Daniela

La cosa che maggiormente mi ha colpito ed ho apprezzato di Clizia è stata la sua capacità di creare rapporti personali e reali oltre che rapporti insegnante-allievo. Le fa onore perché è andata oltre ad insegnare la lingua. Porto a casa anche la sicurezza e la voglia di credere in me stessa.. Ora posso farcela! Averla conosciuta è stata una grande fortuna. E' una persona che sicuramente porterò nel cuore.
Giorgia

La disponibilità
La dedizione
La voglia di insegnare
La capacità di relazionarsi con persone diverse
La bellezza dentro e fuori
Il bene trasmesso nell'insegnamento
Il sorriso
Sono tutte caratteristiche che distinguono Clizia e la fanno apparire un'ottima persona ed insegnante.
Valentina

Il corso con Clizia è stato un'esperienza ricca di belle emozioni. Mi ha insegnato a mettermi in gioco, a non credere di non valere niente solo perché qualcuno me l'ha fatto credere. Clizia è una persona molto empatica, grazie a Clizia mi sento ora più forte e mi sento di volere tanto. Non smetterò mai di mettermi in gioco.
Rania

Dal mio profilo Linkedin

Andrea Steccanella
Area Manager at Ferrari
Costruzioni Meccaniche Srl
14 marzo 2016, Clizia ricopriva
una posizione di livello
superiore rispetto a Andrea ma
non era il suo manager diretto

Ho avuto la possibilità di conoscere la dott.ssa Polato durante un master in commercio con l'estero. L'approccio alla materia seguito durante la lezione è stato ottimo. In particolare, lo trovo molto utile per chi si dovesse trovare, come me, all'inizio di un percorso professionale dove l'utilizzo della lingua inglese fa parte della quotidianità.

Ilaria Mantovani
Ha frequentato Master in
Commercio Estero
11 marzo 2016, Ilaria era un
cliente di Clizia

Clizia in poche ore di lezione è stata in grado di trasferirci le sue eccellenti competenze linguistiche acquisite in anni di esperienza sul campo.Tali competenze si rivelano infatti fondamentali nel momento in cui si intrattengono rapporti commerciali con aziende estere, in quanto lo scoglio della lingua continua a creare problemi, La lezione è stata coinvolgente e ha permesso a tutti i presenti di partecipare attivamente, permettendoci portare a casa qualcosa che ci sarà sicuramente utile nel nostro futuro lavorativo.

Davide Morselli
Ha frequentato Università
degli Studi di Verona
2 marzo 2016, Davide era un
cliente di Clizia

Molto professionale, competente e disponibile.
A livello di insegnamento di Business English Clizia si è dimostrata una docente eccellente capace di trasmettere in poche ore le conoscenze essenziali per sapersi approcciare ad una situazione lavorativa ed evitare quegli errori legati alla lingua che possono creare fraintendimenti nei dialoghi e nelle trattative.

MARCO PIRONDI
Customer service presso
INTERTRACO ITALIA SPA
6 marzo 2016, MARCO ha avuto
come manager diretto Clizia

Ho conosciuto Clizia al Master in Commercio Estero tenuto presso la Fondazione Università di Mantova da ottobre a dicembre 2015.

Nonostante le poche ore di lezione avute con lei, l'impressione avuta è stata molto positiva, sia per il modo di approcciare la materia (Business English) sia per le nozioni trasmesse, estremamente legate alla pratica quotidiana delle aziende che commerciano con l'estero.

Clizia si è dimostrata molto preparata oltre che disponibile nel fornire spiegazioni in merito alla materia affrontata.

Patrizia Facchini
Comunicazione e Media
Digitali
2 marzo 2016, Patrizia era un
cliente di Clizia

Molto precisa e disponibile nell'insegnamento di termini tecnici e traduzione specifica in lingua inglese. Le ore di corso dedicate al Business English sono state di grande aiuto grazie alla testimonianza di Clizia.

Dal Canada

Ho conosciuto Clizia durante la sua ricerca di una persona che la rappresentasse ad un evento del suo settore qui in Canada.
Ci siamo parlate a lungo tramite Skype e mi sono attivata volentieri per lei perché mi è apparsa da subito una persona sincera, empatica e fortemente motivata. Spero di avere nuovamente occasione di contatto con Clizia e di aver modo di contribuire ulteriormente al successo del suo business perché la sua sensibilità ed il suo spirito imprenditoriale lo meritano!
Maria Polidoro Piparo

Alcuni clienti

Dal mio profilo LinkedIn

Fabrizio Bellini
Retail Manager presso Multi
Outlet Management Italy

Clizia è stata docente del corso di iglese che abbiamo organizzato nel Mantova outlet Village in favore dei dipendenti dei punti vendita ed oltre ad aver ottenuto un eccellente feedback da parte dei partecipanti si è dimostrata sempre attenta e flessibile nel adattarsi alle esigenze specifiche nostre e dell'aula stessa guadagnandosi la fiducia e raggiungendo gli obiettivi assegnati legati al corso.
la ringrazio per la professionalità dimostrata con l'intenzione di proseguire la collaborazione nei prossimi programmi formativi dedicati alle lingue straniere del nostro Village.
grazie
Fabrizio

Antonio Panico
Business coach

Clizia è una professionista affidabile e competente. Ha servito alcuni miei clienti con loro grande soddisfazione. Immediatezza nel riscontro, qualità del lavoro eccellente e rispetto - se non in taluni casi anticipo- dei tempi concordati e costi contenuti sono le doti più apprezzate. Senza esitazione raccomanderei Clizia per la cura, precisione del suo lavoro, la grande disponibilità personale e l 'elevata professionalità

Gianluca Sagone
Soft Surgery e Plexr trainer

Mi sono rivolto a Clizia per una traduzione medica e la devo ringraziare per la sua professionalità e per la rapidita' di consegna del lavoro richiesto.

Marco Begotti
Finance Manager at Finsuge
Spa, Bondioli & Pavesi
Group

La Dott.ssa Polato fornisce servizi di elevato contenuto professionale. Ho avuto più volte necessità di risposte urgenti che sono arrivate con estrema puntualità e comprensione delle esigenze del cliente.

Andrea Mazzini
Computer Forensics /
Digital Forensics presso
ACS s.r.l.

Seria, precisa, competente.
Clizia e il suo staff si sono dimostrati estremamente professionali garantendoci i risultati desiderati nei tempi e costi previsti.
Anche a lavoro concluso inoltre si dimostrano disponibili a fugare ogni possibile dubbio o incertezza.

Elisabetta Ferrari
Marketing Executive presso
A&T Europe Spa - Piscine
Castiglione

Dal 2003 collaboro con la Dott. ssa Clizia Polato, alla quale vengono normalmente affidati numerosi incarichi di traduzione di testi: elaborati tecnici, schede prodotto, scritti di carattere contrattualistico e legale, testi di impronta commerciale, utilizzati in ambito marketing per siti web, brochure, schede e documentazioni varie.
La collaborazione prevede per lo più traduzioni dall'Italiano all'Inglese o Francese e viceversa.

Il lavoro svolto dalla Dott. ssa Polato è sempre stato impostato su criteri di elevata professionalità. I testi vengono sempre analizzati dalla Dott. ssa in fase di preventivo per valutazione precisa delle caratteristiche linguistiche, lessicali e di contenuto, nonché per la definizione delle tempistiche di consegna.
Le richieste particolari da parte dell'Azienda – incluse le competenze richieste alla Dott. ssa sul vocabolario tecnico aziendale – sono sempre state gestite con efficacia e collaborazione con le risorse interne.
Le revisioni finali dei testi consegnati dalla Dott. ssa al referente interno denotano altresì una grande cura e precisione, non vi sono refusi o errori di digitazione.
Le tempistiche di consegna sono sempre state rispettate, se non – in taluni casi – addirittura anticipate rispetto alle previsioni.

GENERAL
CONTRACTOR
GIOVI

Con la presente ringraziamo la Dott.ssa Polato Clizia ed il suo team che con dedizione, precisione e professionalità ha puntualmente soddisfatto le nostre richieste di traduzioni in lingua francese e tedesca per la realizzazione del nostro sito e dei nostri contenuti.

Con la certezza che la proficua collaborazione proseguirà nel futuro, porgiamo i nostri più cordiali saluti

Sonia Berrera

GIOVI GENERAL CONTRACTOR SAGL
Impresa Generale di Costruzioni
Centro Commerciale Grancia, 5
6916 Grancia

Con la presente si conferma che il professor Parenti Fabio Massimo, docente presso *The Italian International Institute Lorenzo de' Medici s.r.l.*, si è avvalso della preziosa collaborazione con la Dott.ssa Clizia Polato ed il suo team per la traduzione in lingua inglese del manuale di geofinanza e geopolitica in coordinamento con il dr. Roberto Gamba di Egea editore.

In particolare, si ringrazia la Dott.ssa Polato per la precisione, la professionalità e la disponibilità dimostrata in ogni fase del lavoro.

Certi che la proficua collaborazione avrà un seguito nel prossimo futuro, si porgono i più cordiali saluti.

Fabio Massimo Parenti, Ph.D.
Professor of International Studies

Sede centrale: Via Faenza 43 · 50123 Firenze, Italia · Tel. +39 055 287360 Fax +39 055 2388820
Sede di Roma: Via XX Settembre 4 · 00187 Roma · Sede di Tuscania: Largo Maria Moretti Vignoli 7 · 01017 Tuscania (VT)
Lorenzo de' Medici Srl · Iscritta al Registro Imprese di Firenze · C.F. · P. IVA e n. iscrizione 02120070483 · Iscritta al R.E.A. presso la
CCIAA di Firenze al n. 407288 · Capitale Sociale Euro 100.000,00 i.v · email: info@lorenzodemedici.it · www.lorenzoinstitute.com

SELPRO

Con la presente si dichiara che la Selpro srl si avvale dell'operato della Dott.ssa Clizia Polato e del suo Team di traduttori professionisti e madrelingua.

La Dott.ssa Clizia ha offerto a Selpro un servizio di traduzione dall'italiano all'inglese e dall'italiano al tedesco di articoli per il marketing e di alcuni articolo tecnici sui nostri prodotti.

Del servizio offerto abbiamo molto apprezzato i tempi rapidi di risposta e la puntualità nelle consegna dei documenti tradotti.

In particolare abbiamo apprezzato lo sforzo fatto poco prima della fiera Chillventa quando gli sono stati affidati diversi articoli di marketing che sono stati tradotti in maniera puntuale e precisa nonostante il poco preavviso.

In fede
Rizzi Matteo
Selpro srl

SELPRO SRL
Via P. G. Piamarta, 5/11
25021 BAGNOLO MELLA (BS)
Tel. 0306821611 - Fax 030622274
Partita IVA. 0 3 8 6 3 4 6 0 9 8 0

Da: "Vuanello, Stefano"
Oggetto: Referenza
A: 'Clizia Polato'

Il Gruppo Allsafe (www.allsafe-group.com) ha organizzato un seminario sulla sicurezza del carico in collaborazione con AIB a Brescia.
Il relatore era un esperto tedesco in materia; ci siamo avvalsi delle prestazioni professionali dello studio di interpretariato della Dott.ssa Clizia Polato, con la quale abbiamo avuto un'eccellente collaborazione.
Nonostante i temi trattati fossero complessi e anche molto tecnici, abbiamo avuto un interprete di valore assoluto che e' riuscita a tradurre in maniera perfetta, soddisfacendo a pieno le aspettative della platea e degli organizzatori stessi dell'evento.
Ci rivolgeremo certamente di nuovo alla Dott.ssa Polato, nel caso in cui organizzeremo altri seminari dedicati ai temi di cui quotidianamente ci occupiamo.
Distinti saluti,
Dott. Stefano Vuanello
Country Manager
Allsafe GmbH & Co. KG

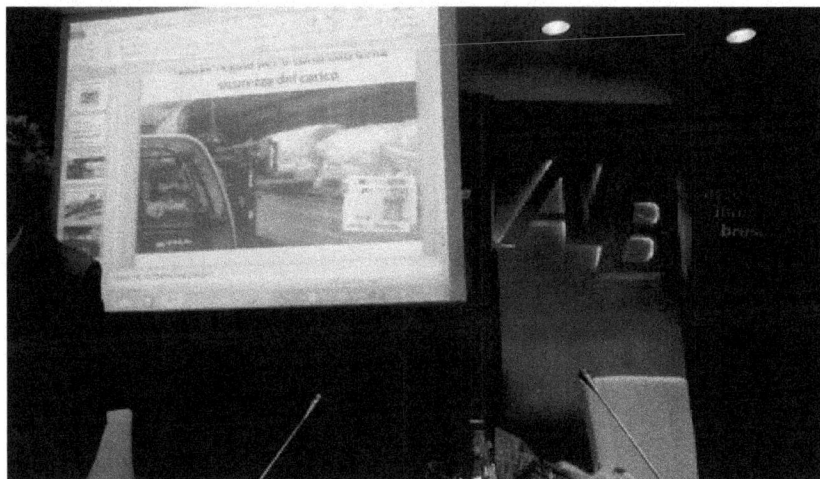

Per Julius Van De Laar - braccio destro di Obama

✉ Apam Esercizio S.p.A. - Servizio Acquisti 📎

Comunicazione affidamento

A: Clizia.Polato@pec.it

ASSEGNAZIONE INCARICO PER IL SERVIZIO DI TRADUZIONE DI TESTI IN LINGUA INGLESE PER APAM ESERCIZIO SPA (CIG ZD41F75966)

Buongiorno, si trasmette l'allegata comunicazione firmata digitalmente dal ns. Amministratore Delegato.

Distinti saluti.

APAM ESERCIZIO SPA
Via dei Toscani n. 3/c
46100 Mantova

P.IVA/C.F. e iscrizione Registro Imprese di MN n. 02004750200
capitale sociale € 5.345.454,10 i.v.

Prot. n   7112/SA

Gent.le Dott.ssa
POLATO CLIZIA
Via Conciliazione n. 19
46100 MANTOVA
clizia.polato@gmail.com

e p.c.   rag. Maurizio Balfrota
S.E.D.E

OGGETTO: Assegnazione incarico per il servizio di traduzione di testi in lingua inglese per Apam Esercizio Spa
(CIG ZD41F75966)

Con riferimento alla procedura in oggetto, di cui alla lettera d'invito prot. n. 6466/SA ci preghiamo

comunicarLe l'assegnazione dell'incarico per il servizio di traduzione di testi in lingua inglese per Apam Esercizio Spa

Il servizio prevede la traduzione di una quantità presunta di n. 150 cartelle commerciali di massimo 1.500 caratteri

cadauna, spazi compresi, relative a:

*   materiale informativo relativo ai servizi gestiti da Apam Esercizio Spa;
*   news per il sito web di natura informativa;
*   news per il sito web di natura promozionale;
*   risposte a richieste dei clienti di lunghezza pari o inferiore ad una cartella;
*   testi discorsivi di lunghezza pari o superiore ad una cartella.

Medicotop S.r.l.s.

Via Tazio Nuvolari ,158
00142 Roma
info@medicotop.it

Con la presente si dichiara che ci siamo avvalersi della collaborazione della Dott.ssa Clizia Polato per la traduzione di materiale medico dalla lingua italiana a quella inglese e viceversa e in seguito per la traduzione di materiale legale.

Per entrambi i lavori la qualità, i tempi rapidi di consegna e la cura quasi maniacale nelle traduzione e nella revisione finale ha permesso di ricevere un prodotto di altissimo pregio.

Cordiali saluti,

INVIMIT

Invimit SGR S.p.A.
Via di Santa Maria in Via n.12
00187 Roma

Si comunica che, la Dott.ssa Clizia Polato, ha svolto per conto di Invimit il sevizio di traduzione di testi in lingua inglese per il sito della società.

L'incarico, per servizio di traduzione è stato svolto nel pieno rispetto delle tempistiche e delle attività concordate.

Tommaso La Cascia
(Responsabile gestione Acquisti, Gare e IT)
Invimit SGR S.p.A.

INVIMIT SGR SpA
Sede Legale e Amministrativa
Via di Santa Maria in Via, 12
00187 Roma

Tel. 06 87725700 - Fax 06 87725792
R.E.A. di Roma n. 1378494
Capitale sociale euro 5.700.000 i.v.l
Cod Fisc e P.IVA 12443729003

ECOLOGICA AMBIENTE s.r.l.

Con la presente si dichiara che la scrivente Ecologica Ambiente Srl si avvale con piena soddisfazione della collaborazione con la Dott.ssa Clizia Polato, nella sua qualità di Traduttrice esperta in particolare nella lingua inglese.

Il lavoro di traduzione della Dott.ssa Polato è stato svolto con estrema serietà e precisione nel suo lavoro e questo denota la professionalità di una persona in campo lavorativo, molto disponibile da subito nella traduzione di documenti a livello tecnico e accurato.

Inoltre ha svolto il suo lavoro con altrettanto tempismo nel rispettare i tempi di consegna con la ns. azienda.

In fede

acs)))web8

via G. Cesari 1/A – 26100 Cremona
tel. +39 0372 800543
fax. +39 0372 22345

pec: pec@pec.acsweb.it – mail: info@acsweb.it – web: www.acsweb.it

Oggetto: **lettera di referenze dott.sa Clizia Polato**

Con la presente sono ad asserire l'assoluto compiacimento per il lavoro svolto dalla dott.sa Polato in qualità di traduttrice (lingua inglese).
L'opera della dott.sa Polato si è rivelata precisa e puntuale non solo nel risultato oggettivo (la traduzione), ma anche nell'aspetto organizzativo di gestione del materiale e delle tempistiche.

acs)))web s.r.l.

dott. Andrea Mazzini
C.E.O.
ACSWEB s.r.l.

ACSWEB s.r.l.
Codice Fiscale e Partita I.V.A. 01590950190
C.C.I.A.A. CR 01590950190 – R.E.A. 185364
Capitale Sociale € 10.200,00

Da "Mobile working" di C. Carriero, ed. Hoepli

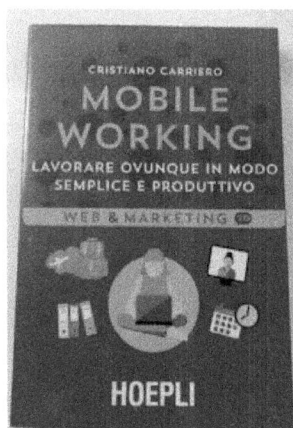

Vite da mobile worker | 173

Tailor-made suit working

Sorprendente quanto le circostanze della vita cambino le prospettive. E mi ritrovo qui, in treno, in uno dei miei ormai consueti viaggi "from the travelling desk of ...". Sono Clizia, classe '76, traduttrice, interprete, docente,

[..]

penso "Il mio ufficio ora viaggia con me!", a volte nel palmo della mia mano mentre rispondo a un cliente, a volte in una tastiera. E quanto questo abbia incredibilmente migliorato la qualità delle mie giornate è insieme straordinario e meraviglioso! Il mobile working è un tailor-made suit, un abito su misura: devi sentirlo addosso per cogliere quanto sia speciale.

Clizia Polato
traduttrice e interprete

Dalla stampa

LA VISITA

Gli imprenditori mantovani dialogano con gli irlandesi

Scambi economici
La riunione con la delegazione irlanese in Camera di commercio

E' stata ricevuta ieri nella sede storica della Camera di commercio di via Calvi una delegazione dell'Agenzia per lo sviluppo degli investimenti della Repubblica d'Irlanda (Ida) che ha potuto dialogare con la comunità economica mantovana.

L'INIZIATIVA

Melegari con Gaule alla Camera di Commercio

Al lavoro per fare affari con gli irlandesi

INTERVISTA SUL GEMELLAGGIO USA

I tre laghi? «Acque ideali da bonificare»
Il sindaco di Madison pronto a inviare i tecnici

I tre laghi di Mantova come soggetto ideale per mettere in pratica i progetti di risanamento lacustre made in Usa, anzi, in Madison County. Là, infatti, di laghi ne hanno addirittura quattro e sono tutti collegati da quei famosi ponti che sul grande schermo hanno fatto scoccare la scintilla tra Clint Eastwood e Meryl Streep. Ma la balneabilità di Mantova come progetto-pilota da importare oltre i "Ponti di Madison County" non è fiction. «E l'opportunità che è ansiosa di vincere l'Università di Madison, perché a Mantova le possibilità di successo sono ancora maggiori e, soprattutto, qui c'è la possibilità di arrivarci in tempi più brevi». A dichiararlo è lo stesso sindaco di Madison, Dave Cieslewicz, ieri alla sua ultima giornata di soggiorno nella città virgiliana, con la quale c'è il gemellaggio dal 2002. Cosa rende possibile il risanamento dei laghi di Mantova? «A Madison - spiega il sindaco Cieslewicz - ci sono ricercatori che hanno approfondito gli studi sulla situazione dei laghi dal punto di vista sia biologico sia sociologico. Là, però, i tempi sono stati molto lunghi a causa della diversa conformazione geofisica».

L'incontro in Assindustria con il sindaco di Madison (foto Pnt)

224

Il sindaco di Madison in Camera di commercio

Da docenze

Termine corsi

www.ingramcontent.com/pod-product-compliance
Lightning Source LLC
Chambersburg PA
CBHW070656100426
42735CB00039B/2162